大是文化

榮登韓國三大書店暢銷榜超過 25 週

700萬人愛看的韓國史

從古朝鮮三國鼎立到南北韓一分為二，
翻開第一頁，就像看韓劇一樣，
劇情緊湊到你停不下來！

累計七百萬聽課人數，韓國史最受歡迎講師
崔兊誠——著
張鈺琦——譯

최소한의 한국사

Contents

第5章

日帝強占，催生出大韓民國

第6章

南北各有政府，國家一分為二 269

高句麗文化遺產

將軍墳

◀位於中國吉林省集安市的高句麗墳塚，是長超過300公尺、高超過13公尺的7層高階梯石室巨型墳墓。據推測，應為廣開土太王或是長壽王的墳墓，2005年被列為世界文化遺產（詳見第36頁）。

高句麗古墳壁畫

▶高句麗時期墳墓的牆壁和天花板都有壁畫，上面描繪著當時人們的生活模樣及思想。這些壁畫除了有美化的目的之外，大部分還會描述亡者死後仍想記住的東西，或是期待的往生生活等（詳見第41頁）。

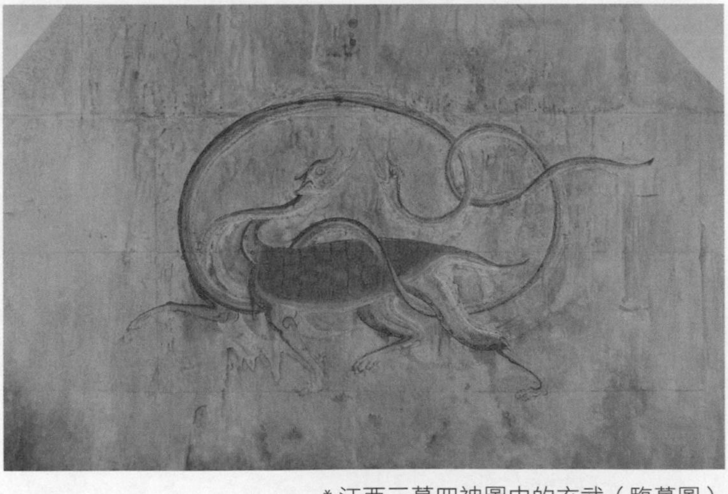

* 江西三墓四神圖中的玄武（臨摹圖）

現存最古老佛像，延嘉七年銘如來立像

▲▶韓國慶尚南道宜寧郡所出土，是目前已知現存最古老的佛像。該佛像背後刻著四行共47個字的銘文，以文中標記著高句麗獨有的年號「延嘉7年」來計算的話，可以得知是西元539年高句麗時期所製作。

百濟文化遺產

七支刀

◀日本收藏的百濟製刀，刀身有七個支幹，因此稱為七支刀。以鑲嵌技術嵌入金子並鐫刻文字，目前可以確認其中一面有34個字，另一面則有27個字，由此可知當時的兩國關係（詳見第60頁）。

百濟金銅大香爐

▶據推測，羅唐聯軍攻打百濟時，因倉皇出逃來不及帶走，最後被掩埋在土中，也因此得以保存它原本的面貌。爐蓋上刻有神仙與動物，象徵自然無為，而托盤底部則呈現龍口吐蓮花的樣貌。蓋子部分為道教型態，底部則是佛教形式，融合百濟獨有的卓越藝術性（詳見第64頁）。

公州武寧王陵

▲武寧王陵位於忠清南道公州市宋山里古墳群中，百濟熊津時代的君王都埋葬在此。因無法確認墳墓主人，所以以「一號墳」、「二號墳」等來稱呼。由於武寧王陵沒有被盜墓過，因此挖掘出包含石獸、王與王妃的陪葬品，以及誌石等四千六百多件文物（詳見第63頁）。

新羅文化遺產

新羅金冠

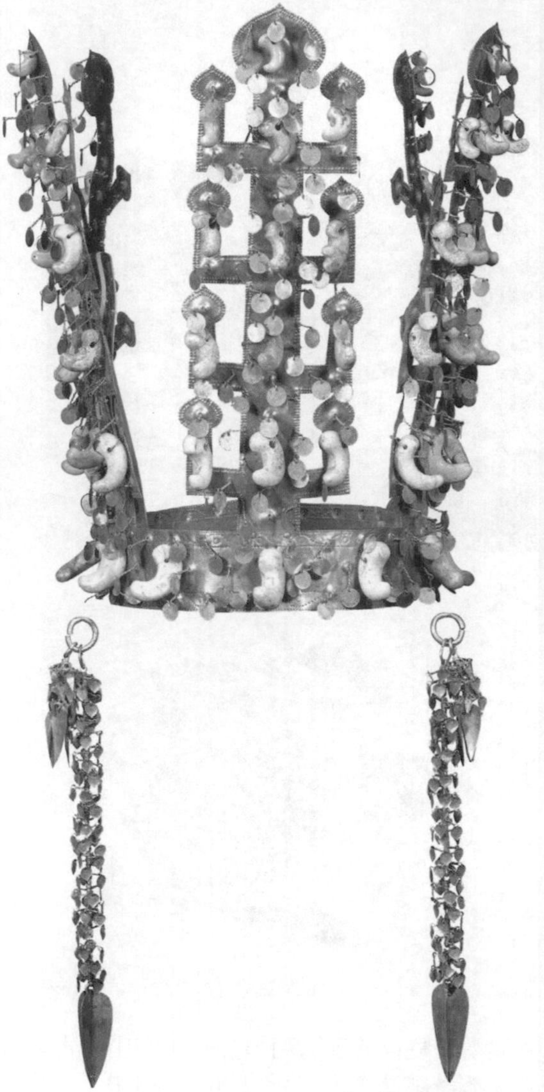

天馬塚金冠

▶薄薄的金片上鐫刻著細緻精巧的圖案，並鑲嵌柔美的玉石，由此可窺見當時新羅的金器製造工藝有多發達。目前共有六頂金冠流傳下來，其模樣多少有些不同，不過基本上都是樹枝造型。圖片中的金冠見於慶州天馬塚，因此又稱天馬塚金冠。

慶州皇龍寺址

▲ ▶皇龍寺是新羅時代真興王所建，而其中的9層木塔則是善德女王所造。據說，它有期許能壓制周邊9個國家的涵義，整體高度達80公尺，被稱為新羅三寶之一，但高麗時代蒙古入侵被燒毀，現在只剩下地基。

模擬復原圖

發生強震也沒倒，慶州瞻星臺

▲善德女王時期所建，由三百六十多個磚塊堆疊成27階的圓柱狀，其高度達9.5公尺，是可以觀測天體移動的天文觀測臺，可看出新羅時代的科學精髓。在2016年慶州發生強震時，也沒有造成損害，因此專家們主張瞻星臺內部設計符合現代的避震原理。

伽倻文化遺產

高靈池山洞古墳群

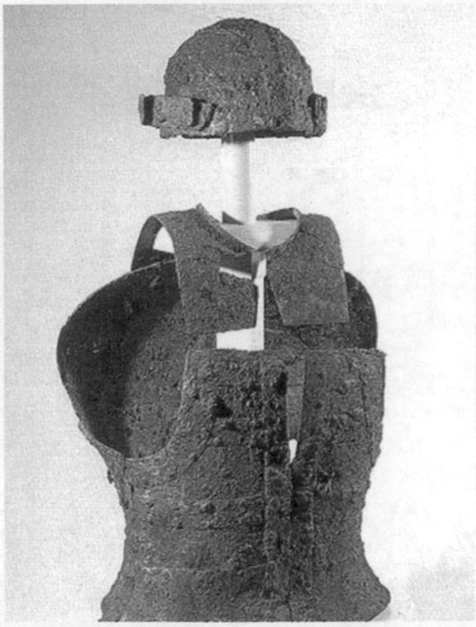

▲大伽倻古墳群位於慶尚北道高靈郡，是古墳群中規模最大的，現今留下多達數百個墳墓。據推測，應該是四到六世紀時統治階層們的墳墓。出土的大量土器、金銅冠、鐵甲衣、頭盔與鐵鋌等，能讓後世理解伽倻社會階級構造與對內文物交流（詳見第81頁）。

金銅冠

◀由於伽倻時代出土的金銅冠相當少，因此相當稀貴。不同於新羅與百濟，它的造型簡單，只鐫刻簡單的紋樣，保有伽倻古樸的特徵。

水車造型土器

▶這個土器不太像是給人日常使用的，應該是在祭儀時一起放入墓中，並作為運送靈魂之用。伽倻製作大量造型奇特的土器，又稱象形土器，包含人騎馬造型、船型、住宅型等，具有陪葬品的涵義。

渤海國文化遺產

石獅子像

◀位於中國吉林省的貞惠公主墓中。貞惠公主是渤海國第三代王文王的次女，其墳墓樣式受到高句麗的影響。石獅子像突出的胸口象徵心臟有力的跳動，後腿肌肉雄健，還有充滿力與美的前腿等，可見渤海國人卓越的雕刻技術。

二佛竝坐像

▶高約 11 公分的小型佛像。從呈現方式、頭後面的佛光、衣服樣式等，都能顯現出高句麗特色，可看出渤海國受其影響。

統一新羅文化遺產

佛國寺

▲◀根據《三國遺事》記載，佛國寺是景德王10年（西元751年），由當時的宰相金大城所建。透過寺內的許多文化遺產，可以看出當時新羅人的石藝工藝有多出色，與石窟庵一起被列為世界文化遺產（詳見第99頁）。

石窟庵

◀新羅全盛期的佛教藝術巨作，結合建築、水利、幾何學、宗教與藝術等精粹而成。以人力打造花崗岩石窟，內部擺放釋迦如來佛，周邊雕刻40座佛像，並以三百六十多個大石頭構築天頂。不同於三國，特色是具有莊嚴的表情，與佛國寺一起被列入世界文化遺產（詳見第100頁）。

聖德大王神鐘

▶是目前韓國史上現存最大的鐘，其重量為18.9噸。鐘面上有華麗的雕刻紋樣，其音箱能去除雜音，而且每個地方的厚度都不盡相同，能讓鐘聲傳得更遠，並感受其壯闊宏偉（詳見第101頁）。

高麗文化遺產

高麗青瓷

◀是高麗代表藝術作品。十一世紀時，主要是沒有花紋圖案的素色青瓷，十二世紀後半，以獨創的象嵌技法，製作出非常多青瓷。象嵌技法是在陶瓷器表面雕刻出許多紋路，並在內裡填入其他顏色的土來映襯圖樣。

陝州八萬大藏經，無一脫字

▲現存歷史最悠久、內容最完整的《大藏經》。《大藏經》原是佛教經籍，因高麗時代刊行海印寺[1]製作的大藏經板，所以稱為《高麗大藏經》，又因其木板數高達八萬多片，而稱《八萬大藏經》。經板上面刻有數千萬的文字，卻無一錯誤或脫字，全都是端正且縝密的字體，保存價值極大（詳見第137頁）。

1　編按：是朝鮮佛教宗派曹溪宗的佛教總寺，位於韓國慶尚南道伽倻山。其寺名源自《華嚴經》中之「海印三昧」。

朝鮮前期文化遺產

東亞現存最古老地圖，混一疆理歷代國都之圖

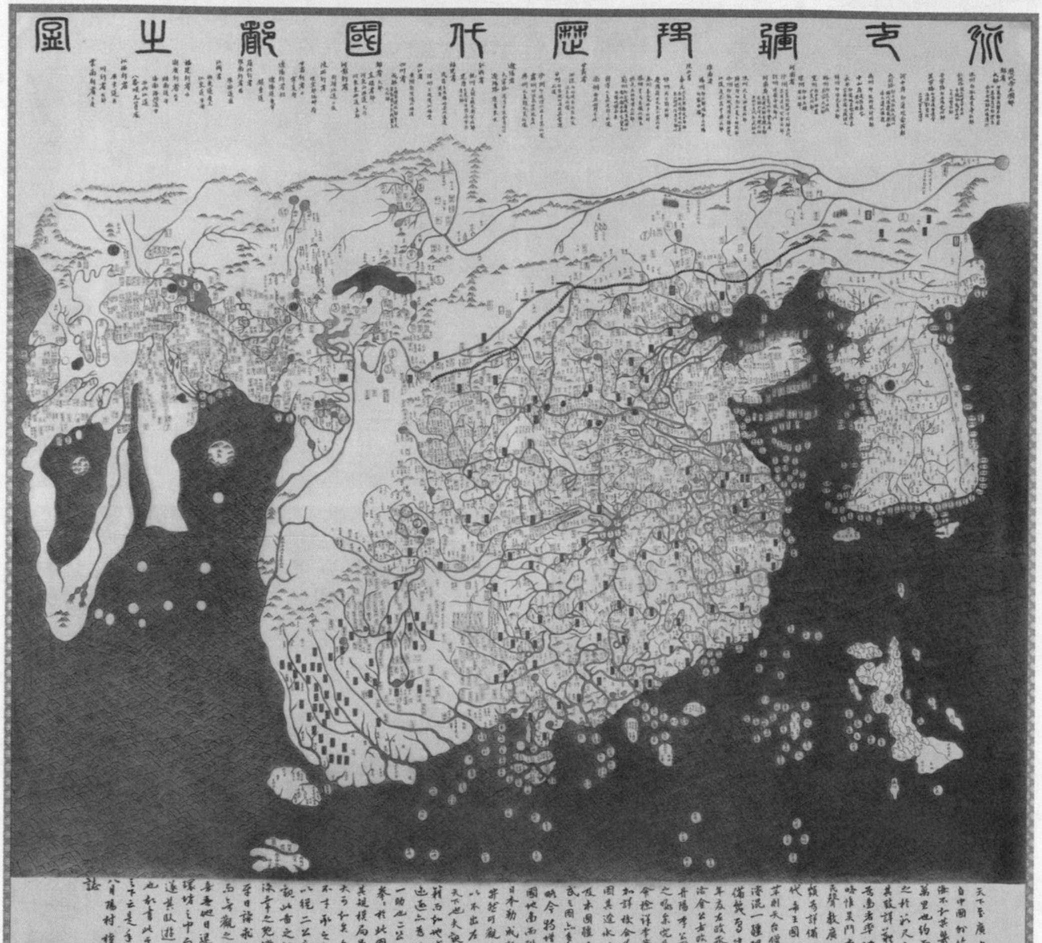

▲1402年製作，是目前東亞現存最古老的世界地圖。地圖中間畫著中國，東邊的朝鮮畫得相對大一些，而非洲與歐洲、日本則相對比較小，由此可知當時以中國為正統的性理學世界觀。

首爾圓覺寺十層石塔

◀以大理石建造而成，模仿高麗末期興建的開京敬天寺十層石塔。塔高12公尺，造型奇特，具有豐富的雕刻裝飾，並獲選朝鮮百大石塔。每層石塔都刻作青瓦模樣，上面有龍、獅子、蓮花、佛祖、菩薩等華麗綴飾（詳見第143頁）。

朝鮮後期文化遺產

真景山水畫

▲朝鮮後期流行的真景山水畫，是直接觀賞景色所畫出的山水畫，與此前模仿中國山水畫有很大的差異。代表畫家是鄭敾（音同善），其著作〈仁王霽色圖〉被評為真景山水畫的巨作，充分表現韓國山水之美。

風俗畫

▶記錄的是朝鮮人的生活樣貌，代表畫家有金弘道、申潤福。圖片取自金弘道所繪的風俗畫冊中，另收錄有〈摔角〉、〈舞踊〉、〈書院〉等知名作品。雖然描繪的是朝鮮人的平凡日常，卻也傳達出當時生活的氛圍。

大東輿地圖

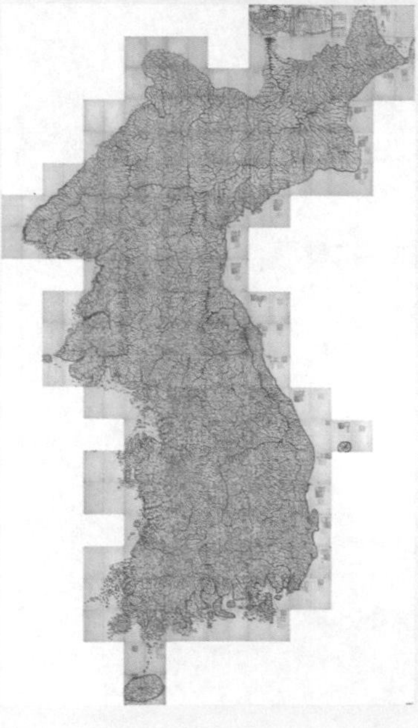

▲◀這是地理學家金正浩所繪製的韓國地圖書，將22片木板拼起來時，就能成為長6.6公尺、寬4公尺的超大型朝鮮地圖，由於能像屏風折疊起來，因此便於攜帶。

臺灣版序

歷史是一門認識人的文學史

金門高粱酒是我非常喜歡的酒，雖然價格有些昂貴，但香氣和風味十分濃厚。金門高粱酒，顧名思義，是金門生產的五十八度米酒，而**這個酒的本身就是歷史**。

金門比臺灣本島更靠近中國，為了緩解軍事衝突，我非常喜歡的已故歌手鄧麗君，還曾去金門勞軍演唱。同時，為了撫慰在肅殺氛圍工作的當地人，金門高粱酒因此誕生。

金門高粱酒風味濃郁的原因在於，高粱在金門具有良好的生長環境。再加上，砲戰當時建造的地下坑道，形成天然、完美的酒窖，保持了一定溫度和溼度。諷刺的是，金門高粱酒在戰爭中應運而生，而它也隨著時間流轉，成為當地著名特產。

我們喝的一瓶酒，飽含這樣的歷史。

相互理解的最好方法，就是觀察彼此的旅程，因為那就是歷史。但是歷史真的很長，如果能知道全部自然最好，然而有時候時間和條件並不允許。

在韓國，看到臺灣的新聞時，會感到某種莫名的緊張感。也許，臺灣人看到韓國的新聞時，也會感受到類似的情緒。兩國之間為何互相存有這種心境呢？

事實上，臺灣和韓國的近現代史中有很多相似之處——殖民、戰爭，甚至是分裂。只要了解兩國所處的歷史背景，我們對彼此的理解範圍就會更加廣泛。因此，不僅希望韓國人能閱讀臺灣史相關書籍，也期望臺灣人可以閱覽韓國史的書。隨著進一步了解彼此的歷史，我們將變得更加親密。

請愉快且有意義的閱讀《七百萬人愛看的韓國史》，同時，我也期待未來臺灣出版類似的臺灣史書籍，若有機會為那本書寫推薦序，那將是我莫大的榮幸。

我期待有一天能去臺灣，和讀者一起開新書見面會，並喝上一杯酒香醇厚的道地金門高粱酒。

祝大家幸福。

前言
按照時間序，梳理韓國史

幾年前，某公司的講座邀約至今仍令我印象深刻。對我而言，受邀到各大企業演講並不陌生，但這個公司要求的講題卻格外不同。

一般企業大都要求講述革新與領導能力相關議題，而這間公司卻希望我說近代民主化。後來，才知道他們曾隨意將蘊含民族傷痛的臺詞當作笑話，誤用於廣告中而大受抨擊——這就是歷史知識不足所引發的後果。

這個公司很快為自己的錯誤道歉，並為了防止類似事件發生，決定對職員進行歷史教育訓練，所以才會要求講不同於其他企業的講題。到現在，我依然記得當時老闆和員工們坐在會議室中，認真聽講的模樣。

因不了解歷史而遭受非議的，並非只有這間遭受批判的公司。雖然在學生時代，我的歷史成績總是吊車尾，但進入社會後，我深深理解，歷史是生活中的涵養與常識的表徵。

在我教歷史約三十年期間，見到很多雖然對韓國歷史很感興趣，卻不知道從何開始、如何學習的人。我認為，不僅是在學的學生，這些人也需要輕鬆、有趣的歷史學習書。不過，不是那種作為談資的有趣事件，而是能貫穿整個韓國史的基本書籍。

本書就是從這個想法中誕生的。我身為韓國史教科書的作者、演講者，以之前在全國各地介紹韓國史的經驗為基礎，整理出大家最需要知道的關鍵史料。**從西元前二三三三年韓國最早建立的國家古朝鮮開始，到二〇〇〇年首次南北韓高峰會發表《南北共同宣言》，嚴選五千年歷史中的重點核心內容。**

想要正確理解歷史，抓住脈絡很重要，因此決定依照時間順序，從古代到現代來說明。**前近代是以當朝國王為中心來講述，近現代史的部分則以引領變化的事件來講解。**透過時序敘述人物和事件，讀者們在閱讀時，就能很清楚梳理出韓國史的流向。

歷史有很多有趣的故事，但這些故事經常被宏觀史學觀點所掩蓋。所以，我希望這本書不是硬邦邦的學習書，而是有助於與他人對話、欣賞文化內容，且讓我們更理解我們所處的時代。

此書不僅包含歷史上的重要人物和事件，還有那些與日常生活密切相關的故事。例如：韓國的開天節、為什麼韓國人稱一去不回的人為「咸興差使」等。

如果大家能透過本書，了解歷史在我們日常生活各處留下的豐富、有趣的遺產，並品味出韓國史的樂趣和意義，那對身為作者的我而言，就沒有遺憾了。

歷史並非複雜難懂的概念，而是前人所做的無數選擇的結果，藉由學習歷史（彷彿穿越時空）認識這些人，繼而看到他們的抉擇，同時我們也能觀察到，隨著不同的選擇，所開展不同的人生劇場。

日後在我們遇到類似的抉擇時，可以將這段歷史當作想像的依據，並預測現在的選擇會帶來什麼樣的結果。也就是說，具備正確的判斷力是學習歷史的重要因素，這也是為什麼本書不僅羅列史實，還添加了如何看待史實的視角。

在社會快速變遷的今日，歷史之所以成為首屈一指的代表學科並非偶然，因為這是我們理解現今社會、政治與經濟變化的方向，看待世界的眼光也會因此有所不同。

在此，特別向一直以來致力推動本書出版的星星韓國史的室長與老師們、出版社的編輯們，還有公司夥伴們致謝。現在就請大家跟著我，一起進入《七百萬人愛看的韓國史》的世界吧！

第 1 章

古朝鮮也有「三國」——高句麗、百濟、新羅，但最強的沒能統一天下

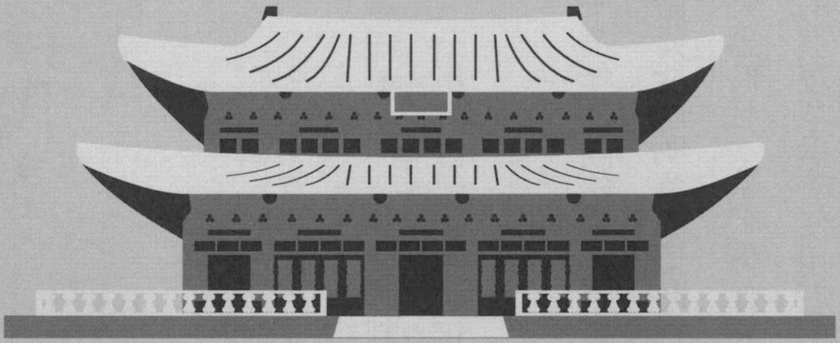

01 建國始祖是熊族後代？

韓國人總是自詡大韓民國有五千年歷史[1]，那是從什麼時候開始算起的？答案是從韓國最早的國家，也就是西元前二三三三年的古朝鮮起始年。當然，韓半島在這之前就已經有人居住了。

根據學者們的主張，大概從七十萬年前開始，韓半島上就有人類生活。當時人們為了尋找食物而遷徙，只不過沒有直接證據能證明舊石器時代的人就是韓國人的先祖。

而後進入距今約一萬年前的新石器時代，人們開始耕種，並在這片土地上定居。

在距今大約四千年前，青銅器的發現象徵著使用石頭的石器時代結束，歷史巨輪正式進入金屬時代，也揭開了青銅器時代的序幕。

青銅器時代的農業技術發達，農產品過剩，產生貧富差距與階級制度。部族之間因肥沃的土地頻繁開戰，自然而然形成國家。韓半島上最早登場的國家——古朝鮮，就是出現在青銅器時期。

古朝鮮的建國時間是西元前二三三三年，因此加總到現代是五千年左右，而這正是韓國歷史的開端。

但是，如果你問古朝鮮人說：「你是古朝鮮人嗎？」他們大概會搖頭否認，因為當時古朝鮮並不叫這個名稱，而是稱為「朝鮮」。爾後，**後代為了區分太祖李成桂建立的朝鮮與古代的朝鮮，在前面加上「古」字來指稱這一時期。**

韓國國慶日是這麼來的

那麼，是誰建立了古朝鮮？又是如何建立的？答案就在韓國人眾所皆知的檀君神話中，這也是古朝鮮的建國神話。檀君神話源自於天神桓因與他的兒子桓雄。當時桓雄經常俯瞰人間，想親自治理人間，所以向父親請求道：「父親，我想到地上做點好事。」

1 編按：關於韓國有五千年歷史的說法有諸多爭論，目前只有韓國這麼主張。

桓因不僅答應兒子的請求，還提供許多支援。得益於此，桓雄帶領三千多名部屬來到凡間，並開始治理這世界。

有一天，一隻熊和老虎來找桓雄，懇求將他們變成人類。桓雄遞出大蒜和艾草，說：「只要你們能在百日內不晒太陽，食艾草、蒜頭度日，就能變成人。」

熊和老虎接過大蒜和艾草，聽從桓雄的話躲進洞穴中，但中途老虎就忍不住跑走了，留下熊獨自一人完成艱難任務。果然，如桓雄所言，熊在一百天之後變成人，被命名為熊女，並且和桓

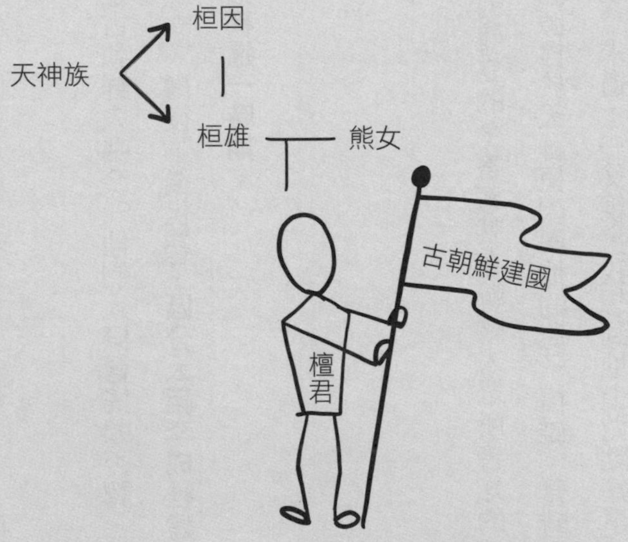

▲ 古朝鮮建國譜系圖

雄結婚、生子，這個孩子正是檀君，而他所建立的國家即古朝鮮。

韓國的國慶日是每年十月三日，又稱開天節，正是為了紀念古朝鮮建國而定。

古朝鮮的建國理念是弘益人間，有「使廣大人類得益」之意，簡言之就是造福人群。經過了五千年，這個詞彙依然是韓國社會的指標性理念。

現今能看到最早記載檀君神話的史料是《三國遺事》[2]，其中有這樣一段記載：「昔有桓因帝釋庶子桓雄，數意天下，貪求人世，父知子意，下視三危太伯，可以弘益人間，乃授天符印三箇，遣往理之。」[3]

雖說根據上述記載，弘益人間是桓因說的，但因為檀君神話就是古朝鮮建國神話，因此我們也可以說弘益人間即為建立古朝鮮的人的期許。

換句話說，古朝鮮的建立並不是為了某一群人吃好穿好，而是為了幫助更多的人。韓國歷史的起點竟然是以「利他」而建立的國家，這讓身為韓國人的我，不論何時都覺得相當自豪。

2 編按：韓國高麗時代的佛教僧侶一然所編撰的一部古書。

3 編按：天帝之子桓雄渴望人世的生活，天帝便選定了「三危太伯」（三座高山中的太白山，即今天的妙香山），並給桓雄三個天符印，要他去那裡治理人間。

韓民族是天選民族

在學習韓國歷史的過程中，還有一個不能漏掉檀君神話的原因，那就是韓民族是被天神族選擇的民族。桓因是天神，而他的兒子從天上下來建立國家，也就代表古朝鮮的人們是被上天選中的人。

這充分展現出「我們不同於一般人」與「我們具有支配者資格」的菁英主義思想[4]，也是檀君神話帶給韓民族後代子孫們的啟示。

很久以前，韓民族的祖先真的相信自己是天族後代，這點從廣開土太王[5]陵碑也能看出端倪。該碑是高句麗第二十代國王長壽王為了紀念自己父王的功績所立的，約有二・五層樓高，相當宏偉巨大。以下是碑文的部分內容：

惟昔始祖，鄒牟王之創基也。出自北夫餘，天帝之子。母河伯女郎，剖卵降世。[6]

上述碑文一開頭就說高句麗人的祖先是天族血脈，這是因為從古朝鮮開始，天神族概念就一直深植韓民族心中。

這概念在古代非常重要。然而隨著歷史長河的推進，這樣的想法慢慢消失，尤其進入朝鮮時代後更為顯著。在朝鮮時代，只有國王能和上天連結，而國王又被稱作天子，所以除了最上位者，大家都不敢逾越，天族後代的概念也因此逐漸淡化。

我們一定要知道，在古朝鮮建立時，先民已有這樣的天下觀，哪怕是五千年後，韓民族歷經風雨飄搖的艱辛，但至少在一開始時，我們也曾懷抱著這樣的自豪感。

國力曾強大到可與燕國相抗衡

就這樣，古朝鮮慢慢合併周圍的小部落，不只是北邊部族，更擴及遼東地區，**在西元前五至四世紀時，壯大成能和中國的燕國相抗衡的大國，這也象徵著古朝鮮的國力強大到可以與春秋戰國時期的國家競爭。**

4 編按：又稱寡頭理論，認為應該由少數具備知識、財富與地位的社會菁英做政治決策，並主導社會走向。
5 編按：一般歷史相關書籍均稱作廣開土「大」王，本書根據國岡上廣開土境平安好太王（국강상광개토경평안호태왕）的謚號，稱為廣開土「太」王。
6 編按：從前，始祖鄒牟王建國，他出自北夫餘，是天地之子。其母是河神的女兒，他是從卵中生出來的。

事實上，在燕國侵略古朝鮮時，當時的王權像世襲般穩固，不過古朝鮮最後還是毀在準王手上，從燕國來的衛滿驅逐準王，並建立衛滿朝鮮。

若古朝鮮的背景是青銅器時代，衛滿朝鮮則是從西元前五世紀開始，已經進入鐵器時代。青銅一般只有統治階層才能使用，而鐵器不同於此，是便於取得的物品，人們也利用鐵器來製作結實的農耕用具與武器。

大家可能會好奇，生產力和國力應該會成正比。沒錯，衛滿朝鮮靠著貿易經商賺得盆滿缽滿，在中國漢朝與韓半島南部之間透過買賣物品而獲利。

衛滿朝鮮一壯大，中國的漢朝就打進來。漢朝對衛滿朝鮮的侵略一直持續到西元前一〇八

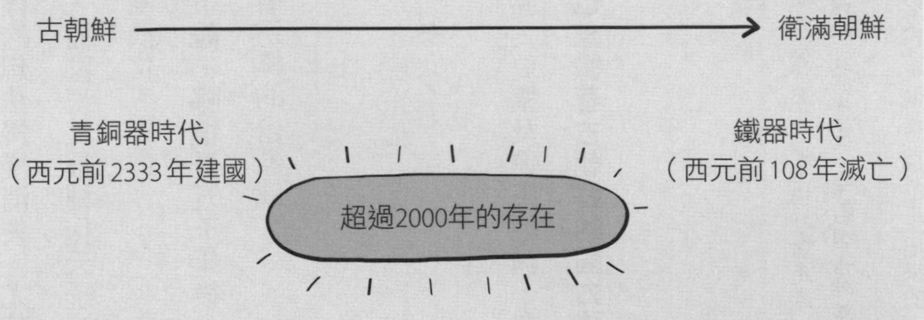

▲ 古朝鮮的歷史維持2000年之久

年，最終，衛滿朝鮮的末代王右渠王戰敗，首都王儉城淪陷，漢朝在此設立郡縣，古朝鮮歷史至此終結。

古朝鮮的國力曾經一度強大到可以與中國抗衡，之後韓半島上雖陸續建立許多國家，但它的歷史比這些後代的國家都來得長（超過兩千年），而且發達的鐵器文化傳播到滿洲和韓半島周邊地方。

02 高句麗曾強到能與中國抗衡

古朝鮮滅亡後，**韓半島以鐵器文化為基礎**，發展出扶餘、高句麗、沃沮、東濊與三韓等國家，他們透過征伐與王權強化政策，**最終統合成高句麗、百濟與新羅（後世稱之為三國）**。

三國中，高句麗在二世紀，百濟在三世紀，新羅則在四世紀時，正式構築出古代國家的中央集權框架。此後這三個國家為了爭奪韓半島統治權，相互展開激烈的競爭。

其中，百濟在西元三世紀時最先迎來全盛期，而高句麗則是在五世紀達到顛峰。最後位於東南邊的新羅，在六世紀才邁向鼎盛期。而後伴隨三國統一，進入統一新羅時期。

現在我們就依照古代國家框架形成的先後順序，來了解一下他們的歷史。

高句麗始祖朱蒙，善射之人

如果提到高句麗，大家會想到什麼？我最先想到的是土石室壁畫〈舞踊塚狩獵圖〉中，高句麗人動感的狩獵畫面。

這壁畫出現在高句麗墳墓「舞踊塚」的牆壁上，上面的人持弓策馬奔馳，追逐鹿和老虎，還有一些人騎在馬背上，身體向後彎曲來射箭。這幅圖充分展現了高句麗人無所畏懼征服大陸的氣魄。

高句麗人擅長射箭或許是天生的，因為以射箭聞名的朱蒙，正是高句麗的始祖，而他名字的意思也是「善射之人」。有關高句麗的建國故事如下。

河神的女兒柳花，不顧父母的反對和天神解慕漱結婚，結果被河伯逐出家門。古朝鮮滅亡後，有個國家叫扶餘，它是以古朝鮮的鐵器文化為基礎發展而成。扶餘的金蛙王發現柳花被逐出家門後，將她帶回扶餘。

之後，柳花生了一顆巨大的蛋，破蛋而出的小男孩即為朱蒙，他的生父是天神、外公是河神，是真正的天族血脈。

朱蒙不僅射箭功夫了得，在其他方面也相當優秀，令金蛙王的兒子們備感威脅，因此計畫除掉他。朱蒙在母親柳花的幫助下逃往南方，並在那裡建立高句麗，他同時也是第一代君王——東明王。

高句麗並不是一開始就國力鼎盛，雖然它是三國中最先建立古代國家框架，但由於位處韓半島北方，因此無法快速迎來全盛期。簡言之，**高句麗因地理位置之故，必須不斷與中國對抗，所以沒有餘力發展且壯大。**

這也是與中國相距最遠的百濟，得以先開展繁榮社會的原因。當高句麗忙著和中國打仗時，百濟透過西海（即黃海）與中國交流。因為接受中國傳入的先進物品而快速發展，在近肖古王（百濟第十三任君主）時期最先達到顛峰，同時也為了擴張領土，開始攻擊高句麗。

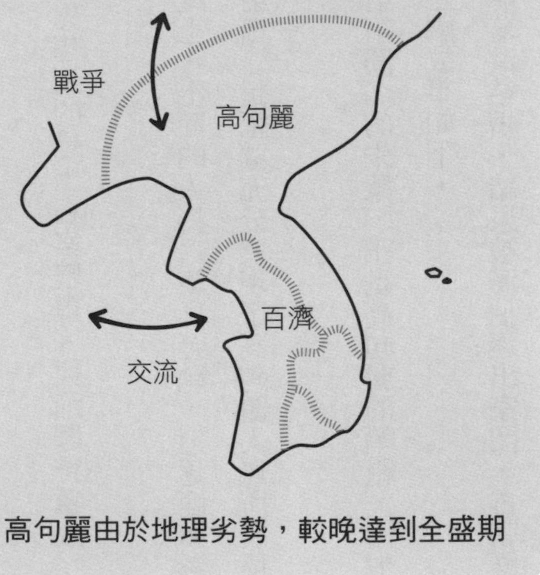

▲ 高句麗由於地理劣勢，較晚達到全盛期

百濟的攻擊讓高句麗陷入危機，嚴重到當時高句麗的第十六代君王故國原王中箭戰死沙場。要知道，高句麗在和中國隋朝與唐朝的數十萬大軍對戰時，也沒有國王直接死於敵軍之手的情況。在高句麗的歷史中，這是唯一一次有國王直接戰死。

在現今社會中，一國領導人過世也是重大事件，更何況是在國王等於絕對權威的古代，簡直是驚天動地的大事故。故國原王的死亡，帶給高句麗人民極大的衝擊與恐慌，國家陷入分崩離析的滅亡危機中。

高句麗面臨了抉擇，是要就此一蹶不振，還是東山再起？如果決定重新站起來，就要完全摒棄之前幾近滅亡的前身，轉變為全新的高句麗，但脫胎換骨絕非易事。

這時，高句麗的救世主小獸林王登場。

如果要大家選出高句麗最具代表性的國王，相信大部分的人都會選擇廣開土太王或是長壽王，但如果沒有小獸林王，就沒有後來的廣開土太王和長壽王。

小獸林王的出現為高句麗帶來非常大的變化，小獸林王彷彿忘了之前的高句麗，以全新的面貌出擊。

在風雨飄搖的國家危機中，小獸林王先是整頓體制。首先，在政治層面導入律令。所謂律令，是指結合刑法的律與行政法規的令，簡言之，就是治理國家的法治規章。有完善的法律才能好好維持社會秩序，就體制上來說，律令是統治一個國家的必要因素。

以社會層面而言，小獸林王設立太學[7]，並透過它來強化儒學教育。從文化層面來看，小獸林王接受中國傳來的佛教，並用它來安定民心。換句話說，小獸林王先以儒教理念為基礎奠基學問，再以佛教拉攏民心。

從法律到教育、宗教，進行全方位的變革。因此，小獸林王成功讓高句麗脫胎換骨，變得與之前完全不同。

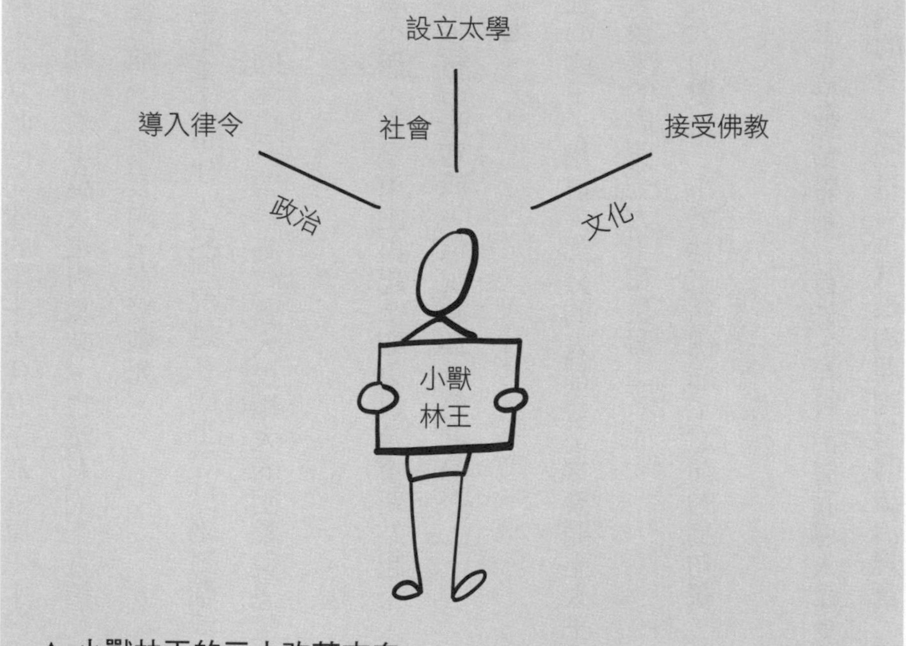

▲ 小獸林王的三大改革方向

當韓國人想到高句麗時，最先想到的是：「高句麗是與中國發生無數對立的產物。」從百濟的攻擊到故國原王戰死，歷經大大小小的危機，但因小獸林王成功改革，重新建立起國家，並為之後迎來全盛時期做足準備。

韓國史上第一個反間計

繼小獸林王之後繼位的是他弟弟故國壤王，而他的兒子就是廣開土太王。前述曾提及廣開土太王陵碑文，從中可以發現當時的先民依然具有天族意識。

廣開土太王陵碑文高超過六公尺，上面刻有超過一千五百字，詳細記錄廣開土太王創下的卓越功績、使國家強大，以及讓百姓過上多富足豐饒的生活等。

我認為，廣開土太王可能是天生當王的命。年僅十八歲就繼位的他，上位後做的第一件事竟然是領軍巡防。

雖說廣開土太王在廣闊的原野中，不斷征戰、開拓領土的畫面也很具代表性，但一位

7 編按：相當於今日的國立大學。

年輕國王帶著軍隊巡視領土的模樣，真的深植在我腦海中。這也表示他在繼承王位前，便已經做好治理國家的準備。我想，廣開土太王之後的成功，從這裡就能看出端倪。

當時，高句麗最大的敵人是百濟，因為故國原王就是在與百濟打仗時戰死的。廣開土太王一掌權，便為了替爺爺報仇而攻打百濟。他打下非常多城鎮，逼退百濟軍，占領漢江以北的領土，同時向北將領土擴張到滿洲與遼東。

大家可以想像一下，一個人究竟要有多會開疆闢土，才會被後人稱之為廣開土太王。

廣開土太王不斷擴張領土，當然會對周邊國家造成影響，例如，在新羅古墳發現的「壺杅名碗盤」，就是其有力證明。碗盤的底部印有「乙卯年國罡上廣開土地好太王壺杅十」，意思是在乙卯年讚揚廣開土太王所製作的第十個紀念碗盤。

西元四世紀時，廣開土太王應新羅之邀，聯合對抗彼時侵略慶州的日本。對新羅人來說，廣開土太王就像是恩人、英雄一般的存在。

再者，當時有將亡者珍愛之物一起陪葬的風俗，因此才會在新羅古墳中發現刻有廣開土太王功績的紀念碗盤，由此可見，他有多受新羅人愛戴。

如果說廣開土太王致力向北發展，那麼他的兒子長壽王則是把目標放在南部。長壽王將首都從國內城[8]遷到平壤城，也能看出其南下擴張領土的決心。

當然，若要將領土往南延伸，意味著要不停攻打百濟，不過，也不能毫無計畫隨便發兵。因此，長壽王想到一招妙計，也是韓國史上第一個反間計。

當時百濟國王蓋鹵王沉迷圍棋，因此長壽王派遣既是僧侶也是圍棋高手的道林前去。道林利用圍棋順利接近蓋鹵王，每天和王一起下圍棋。

在遊戲中，常有眼看快要贏，轉眼卻突然輸了的情況。輸的人由於心裡不服，就會吵著要「再比一次！再來一盤！」道林就是利用這樣的微妙心理，

8 編按：現今吉林省集安市境內，是高句麗的第二個都城。

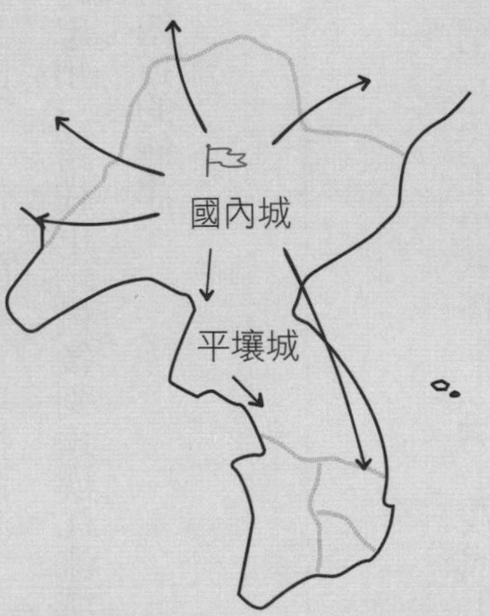

▲ 廣開土太王向北掌握遼東、滿洲，長壽王遷都並推行南征政策

攏絡蓋鹵王的心。

道林利用圍棋獲得蓋鹵王的歡心後，開始煽動他說：「百濟的城牆和宮闕太過簡陋，看起來不像強國，應該重建；又說江水氾濫會淹沒民宅，應該築堤等。」蓋鹵王對道林的話深信不疑，開始大興土木。這些當然都是道林為了掏空百濟國庫而使出的計謀。

當百濟民心動搖，道林就將這個消息回傳給長壽王，他立即整兵攻打百濟，並占領其首都漢城。高句麗的進攻路線是順著忠清北道的忠州一路往下，最後到達漢江流域，而節節敗退的百濟，最後不得已將首都遷至今日忠清南道的熊津。

重點整理

高句麗國王一覽表（僅列舉部分）

第一代王東明王↓第十六代王故國原王↓第十七代王小獸林王↓第十八代王故國壤王↓第十九代王廣開土太王↓第二十代王長壽王↓第二十五代王平原王。

傻瓜溫達與平岡公主的傳說

從小獸林王開始，一直到長壽王，可說是高句麗的全盛時期，但本以為高句麗會乘勝追擊，沒想到後來卻被奪走漢江流域。前面曾說過，最後迎來顛峰的國家是新羅，正是獨占漢江流域的新主人。

高句麗為了奪回被新羅搶奪的土地，出現了一位將軍——溫達。他其實是真實存在的人物，金富軾[9]所留下的《三國史記》中，能找到其相關紀錄。

以下是**韓國大街小巷都知曉的傳說，「傻瓜溫達與平岡公主」的由來**。

平岡公主是高句麗第二十五代王平原王的女兒，據說小時候非常愛哭。她的父親平原王總是恐嚇她說：「如果妳再哭，我就把妳嫁給傻瓜溫達。」

溫達是一名住在高句麗首都平壤城附近的青年，據說生活非常貧困，總是一身破爛，不過他倒也不是真的傻子，只是當有人對他指指點點時，他總是一笑置之，因此才被叫做傻瓜溫達。

9 編按：高麗時期著名的政治家、文學家、歷史學家。

當平岡公主十六歲時，平原王要將她嫁給有權勢的官二代，但平岡公主拒絕了。因為小時候父親一直說要將她嫁給溫達，因此公主長大後也決定嫁給他。

為此，公主還很固執的對平原王說：「君無戲言，您又不是一般百姓，怎麼能說謊呢？」平原王一氣之下，將不聽話的平岡公主逐出王宮。

被趕出宮的公主不斷向路人問路，最後找到溫達並和他結婚。公主先是變賣她從宮中帶出來的寶物藉以維持生計，還叫溫達買了一匹看起來不怎樣的馬，好好照顧。最後，駑馬變成名駒。

公主把馬送給丈夫溫達，並且幫助他成為很棒的武士，而溫達也按照公主的期望，一邊學文、一邊習武。

當時高句麗國王每年都會舉辦狩獵大賽，溫達當然也報名參加，並在大賽中展露他出眾的武藝。平原王看到截然不同的溫達感到相當吃驚，因此任命他為將軍。

溫達在與中國的戰爭中立功，決心奪回被新羅奪走的漢江流域，而他也與平岡公主約定，在沒有奪回漢江流域之前不會回家，但溫達的夢想並沒有實現。

溫達在與新羅對戰時中箭身亡，高句麗最後還是吃了敗仗。根據紀錄，當時無論是誰都無法移動溫達的棺槨，直到平岡公主到來，撫著他的棺木說：「生死已定，回家吧！」

之後，載著溫達棺柩的車才能移動。

雖說這是後人穿鑿附會之說，但也能藉此看出高句麗對於奪回漢江流域的意志強烈。不過，這一天並沒有讓他們等太久。

薩水大捷，打得隋軍沒糧沒命回家

高句麗本來就因新羅的擴張而遭逢危機，沒想到屋漏偏逢連夜雨，此時隋朝結束紛亂一統中國，一山豈容二虎，**想要鞏固王權的隋朝，開始計畫侵略高句麗**。

西元六一二年，隋朝派將率領百萬大軍朝高句麗而來。百萬大軍的概念就是從第一個部隊出發一直到最後一個部隊走完為止，要花上一個月的時間。

隋朝出動龐大的兵力，抱著必勝決心，可能作夢也沒想到這次征戰會以敗北收場。

面對隋朝百萬大軍，高句麗派出傑出的將領乙支文德。乙支文德深知，如果想要調動百萬大軍，軍糧運送至關重要，因此他做了長期抗戰的打算，決定要跟隋朝大軍耗到底。

透過下列乙支文德的〈與隋將余仲文詩〉，可以看出他對隋朝將領余仲文的嘲諷。

神策究天文，妙算窮地理。
戰勝功既高，知足願云止。[10]

簡言之，就是告訴余仲文：「適可而止，該收拾行李回家了！」

當高句麗兵一遇到隋兵，便使出打跑戰術，隋朝官兵心想，只要再追一下就能追到，也因此想要立功的余仲文並不願意班師回朝，所以時常在錯誤的時機下令追擊。平壤城久攻不下，隋朝的糧食也越來越不足。

此時，乙支文德派使臣詐降，說只要隋朝退兵，高句麗王願意向隋朝皇帝稱臣。余仲文雖然不信，但仍佯裝決定撤退，這是因為糧食問題已經讓隋軍無法再撐下去，故不得不如此。

而高句麗卻兵行險招開始追擊隋軍，同時不斷假裝敗退，將隋軍引誘至平壤城，但這其實都是高句麗的作戰策略。

當隋軍追到現今平安北道的清川江薩水一帶，高句麗軍立刻展開大反擊。**這場戰爭就是韓國歷史上有名的三大捷之一的薩水大捷**。隋軍幾乎全軍覆沒，據說三十萬別動隊[11]軍士中，只有兩千七百名活著回去。

一統中國的隋朝碰上東北亞最強的高句麗，最終以高句麗勝利畫下句點。

安市城之戰，情節跟電影演得不一樣

隋朝最終只維持了三十八年就滅亡了，之後的唐朝也一樣對高句麗展開遠征。唐朝認為自己和隋朝不同，一定能大勝高句麗。實際上，一開始唐朝的確也在氣勢上成功壓制高句麗，但高句麗軍的反擊越見加劇，戰爭時間不斷拉長，最後在安市城形成對峙。

韓國將安市城之戰翻拍成電影，電影中安市城的城主是楊萬春將軍。事實上，安市城的城主究竟是誰無從得知，《三國史記》與《三國遺事》中也都找不到。楊萬春這個名字出現在十六世紀中國演義作家寫的小說中，因此楊萬春這個名字聽起來很中國。

退無可退的高句麗與勢必要拿下安市城的唐朝，在這裡展開戰線。隨著戰事延長，安市城久攻不下，唐軍開始在安市城外堆起土牆，試圖跨越城牆。

10 編按：您的計策算無遺漏，神機妙算，簡直像天地一般，既然您的軍功已經如此之高，應該可以心滿意足的收兵了吧！

11 編按：隋朝對高句麗戰爭時的騎射隊編制。

無數唐軍花了兩個月的時間堆好土牆，並開始戰鬥。不過，沒過多久，一場大雨就讓這些土牆全部變成一堆泥濘。

臨時堆起的土牆本來就不堅固，再加上上面還有數十萬名士兵在作戰，可想而知當然承受不住，倒塌時，還掩埋了許多兵士，場面相當混亂。最後，唐朝只好退兵。

據說親自率兵遠征的唐太宗，也是好不容易才活著回到中國，甚至還有傳言說，唐太宗為了避開高句麗的追擊，與一般士兵一起拉馬車，走過泥濘不堪的路，一眼中箭導致失明。當時有很多傳奇與野史都以此為題材，可見唐太宗當時有多難堪。

至今回想，真的覺得這場戰爭充滿謎題。被稱為「戰神」的唐太宗親自率兵攻打，高句麗怎麼抵擋得了？到現在我依然在想：「高句麗當時究竟是如何戰勝唐朝的強兵？」

抵抗隋朝的攻擊亦是如此。百萬大軍光想都覺得可怕，更何況是當時的高句麗人。根據推算，如果百萬大軍遊行，會超過四百公里的距離，也就是比從首爾到釜山還要長。

站在城牆上，看著完全看不到盡頭的敵軍，高句麗人又是什麼樣的心情？我想一定是既害怕又恐懼。但即使如此，高句麗人還是壓下自己內心的惶恐，堅持固守城池。

雖然說記住史實很重要，但我認為，記得像這樣充滿戲劇性的瞬間、戰勝困境與艱難的時刻也很重要。

大家不妨想想，人生中總免不了會遇上比我們強大許多的對手，有時會有種以卵擊石的悲壯感。如果把情況轉換成當今，大概就像是韓國對上美國或中國等，一定會擔心並陷入自我恐懼中，也會沉浸在恐怖與害怕而無法自拔。

像這樣，回顧歷史，看看這些戰勝困境的經驗。因為這些都是史實，哪怕遇上強勁對手也絕不退縮，並從中找尋獲勝的方法，以及堅持下去的勇氣與希望。

這正是我們學習歷史的原因。我們能戰勝像隋朝或是唐朝這樣的強國，就像高句麗人不屈服於中國的氣概，絕不能遺忘這麼偉大的歷史。

羅唐聯軍，滅了高句麗

俗話說：「沒有永遠的強者。」高句麗國祚也走向終結，就像隋朝與唐朝亡國，高句麗的滅亡來自羅唐聯軍[12]。像這樣的國家，單打獨鬥打不過，必須聯合起來才能贏。

當然，高句麗國內也是充滿亡國氛圍。雖說贏得薩水大捷與安市城之戰，但也由於與

12 唐朝與新羅建立的軍事同盟。

中國的各種戰爭而削弱了國力，再加上高句麗末期掌握強大軍權的淵蓋蘇文過世後，他的三名兒子開始爭權奪利，讓整個國家陷入更大的混亂。

羅唐聯軍自然不會錯過此次大好機會，兩國聯軍在西元六六八年攻陷高句麗首都平壤城，曾經叱吒風雲、擁有廣大土地的軍事強國高句麗，就這樣殞落了。

03 百濟疆土橫跨中、日

朱蒙先是建立了高句麗，而他的第二子南下到漢江流域，並在此建立百濟。大家一定會好奇，既然父親是一國之王，兒子為何要離開高句麗另建國家？這是因為當時朱蒙留在扶餘的兒子「認祖歸宗」，並將其立為太子之故。

再無立足之地的兩兄弟便南下，大兒子沸流在彌鄒忽建國，二兒子溫祚則在河南的慰禮城建國。

彌鄒忽位於今日的仁川地區，地勢臨海，不利農耕。沸流後悔自己的選擇，最終抑鬱而終。沸流死後，原本追隨他的人也轉而投靠溫祚。

將國家建在現今漢江流域的溫祚，日漸國強民富，最後他將國名從十濟改成百濟，這就是百濟建國的故事。

由於百濟位於現今韓半島的西南邊，因此也有不少韓國人認為，百濟是從全羅道地區發展出來的國家，但在百濟七百年的歷史中，有五百年都在首爾。而百濟後期的首都，像是忠清南道的公州和扶餘，都是被迫遷徙的。

那麼，漢江流域的優點為何？首先，土壤肥沃利於農耕，而且交通也很方便。漢江的盡頭是西海，非常適合和中國交流，百濟也因地利之便，比高句麗和新羅更早接觸中國傳進來的新進文明產物。

這也是百濟在三國中最早迎來全盛時期的緣故（西元四世紀）。

百濟愛征戰，領土曾橫跨中國遼西

帶領百濟進入鼎盛時期的是第十三代的近肖古王。如果說高句麗有廣開土太王，那麼百濟就是近肖古王。若要用關鍵字來說明以征戰聞名的近肖古王，大概可以歸納出四個：領土擴張、七支刀、高句麗故國原王戰死、石村洞古墳群。

關於百濟，我第一個想到的是「百濟據大陸說」，又稱「百濟據遼西說」。

這是西元四世紀時，百濟在中國遼西地區設置郡的傳說。遼西地區是指中國遼河以西的地方，以遼河為中心，西邊稱遼西，東邊稱遼東。在許多中國文獻中均有以下記載：

其後，高驪略有遼東，百濟略有遼西。百濟所治，謂之晉平郡晉平縣。[13]

上述是中國《宋書》中的記載，在《梁書》與《通典》等史書中亦能見到相關紀錄。雖然在我們所知的歷史中，百濟僅固守在韓半島上，但在中國的史書中，百濟曾橫跨中國遼西。由此可知，**百濟在攻打高句麗時，曾經到過北方**。

我們一般總認為，百濟位於高句麗的南邊。就韓國主觀歷史而言，百濟在近肖古王的時期曾短暫占領此地，雖然尚待考據，不過中國史料中確實有這樣的說法，希望後續還會有更多的研究佐證。

不過，我們還是可以從中看出，在近肖古王時期，百濟領土大幅擴張的事實。熱衷擴充領土的近肖古王，向南併吞馬韓，向北攻打高句麗。之前我們曾經提過，高句麗的故國原王在與百濟的戰鬥中戰死，這正是發生在與近肖古王的戰爭中，全盛時期的

13 編按：高麗占據並治理遼東，百濟則占據遼西。百濟所治理之地是晉平郡晉平縣。

百濟就是如此強大。

百濟的征戰並沒有在此畫下休止符，而是前進日本的九州地區。百濟與日本的關係非常密切，這一點我們可以從文化遺產七支刀中得知。

七支刀是百濟贈送給日本的鐵製刀。刀如其名，它有七個支幹，不只造型獨特，中間鐫刻的文字更是特別，從銘文中能看出百濟當時自信滿滿。正面文字說明本刀經過百次強鐵淬鍊，可以退敵，背面則刻著此刀是特別為日本國王精細打造的，希望能好好保存、流傳後代。**透過七支刀，我們可以知曉百濟卓越的鑄鐵技術，以及與日本的活躍交流。**

近肖古王是百濟史上擁有最廣大領土的王，所以，征戰王這綽號也並非浪得虛名。現在大家如果到首爾的松坡區，可以看到一片非常廣袤的石村洞古墳群，許多學者根據該墳墓建造時間與大小，認為那裡的三號古墳就是近肖古王的墳。

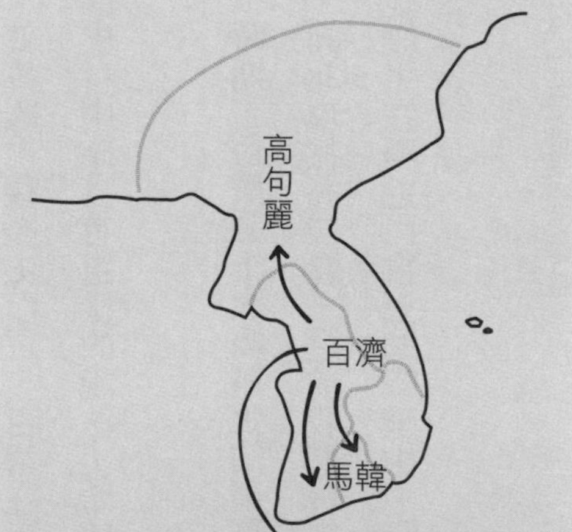

▲ 百濟領土擴張範圍

墓的邊長將近五十公尺，繞一圈相當於跑兩次百米的距離。經由這座超大的古墳，我們可以想像百濟將其影響力觸角伸到中國與日本，並對高句麗施壓的模樣。

近肖古王的功績可以說是全方位的。從這點不難看出當時百濟有多強大。

重點整理

近肖古王時期的活躍功績

- 強大的王權，石村洞古墳群。
- 前進周邊國家並與之交流。
- 使高句麗故國原王戰死。

讓衰弱的百濟起死回生

歷史就是這麼有趣，絕對不會有一個國家一直持續強大，就算之前曾經飛躍成長的也一樣，總有一天會走下坡，然後又會有新的國家崛起。

經過四世紀百濟鼎盛期後，高句麗在五世紀迎來全盛時期，也就是前面提過的廣開土太王和長壽王引領高句麗邁向顛峰。

在長壽王的南征政策下，百濟首都漢城瞬間被攻下，百濟蓋鹵王也隨之戰死。在同時失去首都與國王的悲慘情況下，百濟不得已將首都遷到現今公州地區的熊津，並就此展開百濟的熊津時代。

為了躲避高句麗的攻擊而被迫遷都，也讓百濟王權下滑，國家內政一團亂。這時，有位王站出來收拾善後，他是百濟第二十五代王——武寧王。

武寧王接下這個爛攤子，重新整頓瀕臨滅國的國政與秩序。《三國史記》中有記載：「儉而不陋，華而不侈。」這是百濟在規畫第一個首都漢城時的原則，意思是簡樸卻不簡陋，華麗卻不奢侈。不輕易倒下、努力支撐，我認為這就是文化的力量。

不過，力挽狂瀾的武寧王有一個祕密，那就是他其實是日僑。雖然他擁有百濟血統，卻在日本出生，最後又回到自己的國家成為王。

因為百濟與日本關係密切，因此類似的例子還不少。武寧王一方面和日本維持親密關係，另一方面也與中國南朝密切交流，而武寧王陵正是為此事實提供了有力佐證。

武寧王陵是代表百濟熊津時代的文化遺產，也是三國時代的古墳中，唯一能知道埋葬者是誰的。王陵發現於西元一九七一年，因為是韓國歷史上第一個沒有被盜墓的墓穴，因此受到相當大的關注。其他國王的墓在百濟滅亡後，都被多次偷盜，因此武寧王陵的價值之高可見一斑。

但可惜的是，當時毫無章法的快速開挖，再加上韓國那個年代並沒有挖掘古蹟的經驗，對於環境的理解與大眾認知都不足的情況下，並沒有保全其完整性。

從當時挖掘武寧王陵的照片可以看出，考古團隊先是拿掉堵住拱形入口的磚牆，這樣一來，就能從入口一直通往安置屍身的房間。其底部有一個誌石，所謂誌石就是記錄死者生前事蹟的石板。

誌石正面刻有：「寧東大將軍百濟斯麻王，年六十二歲，癸卯年五月丙戌朔七日壬辰崩，到乙巳年八月癸酉朔十二日甲申，安厝登冠大墓，立志如左。」透過誌石，我們才能知道這座墓的主人是誰。

武寧王陵是由壁磚堆疊起來，外型很像隧道的磚石墓穴，這是受到中國式墓穴的影響。由此得知，武寧王與中國和日本等周邊國家都有密切交流。或許，他是想藉由與周遭國家的往來，挽救滅國危機，並夢想能再一飛沖天。

金銅大香爐——當代卓越工藝的明證

武寧王的兒子聖王繼承了父親未竟的遺志，繼位後最先做的事情就是遷都泗沘。熊津城雖然適合抵禦外敵侵略，但若要發展成一個強大的國家，則顯得腹地太過窄小，因此將首都遷到泗沘，即今日的扶餘。

百濟的歷史也隨著首都遷徙分成三階段，分別是漢城時代、熊津時代與泗沘時代，聖王開啟了泗沘時代。

聖王夢想重新奪回漢江流域，他認為，帶領百姓回到先祖最早建國的地方是自己的義務，因此他與之前結成同盟的新羅一起攻擊高句麗，最終找回心心念念的漢江流域。

但他萬萬沒想到，迎來全盛期的新羅背棄約定，奪走漢江流域。因為當時的新羅真興王的背叛，百濟再次失去收復漢江流域的機會，

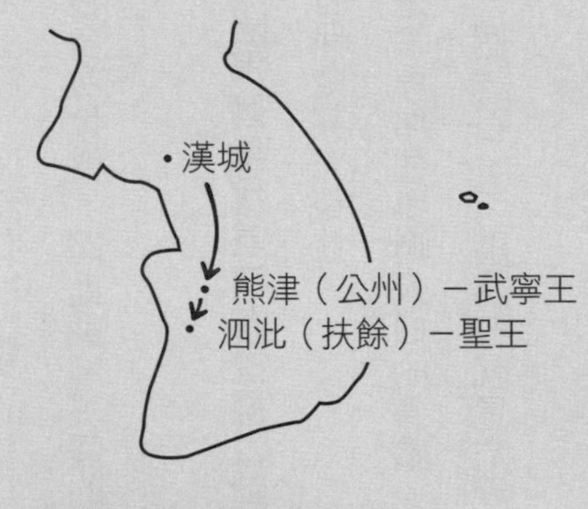

▲ 百濟三度遷都示意圖

而結盟近百年的羅濟同盟[14]也瞬間破局。

儘管如此，百濟的文化發展已臻顛峰，其代表就是金銅大香爐。如果大家到韓國國立扶餘博物館近距離觀看，一定會讚嘆連連。金銅大香爐是兼具優雅與時尚美感的作品。上面雕著層層疊疊的山脈與雲朵、各種動物與神仙們，完美證明了百濟卓越的工藝技術。仔細看的話，上面還有大象、鱷魚等，這些都是韓國看不到的動物。

雖然這些是受到佛教和道教的影響，但也可以說是百濟在與其他國家交流後，遺留在藝術作品上的痕跡。用金銅大香爐作為說明百濟是文化強國的佐證，可謂是神來之筆。

聖王遭受新羅真興王背叛，無法成功收復漢江流域，因此決定要向新羅復仇，最後卻在管山城之戰中戰死，曾經同盟的兩國徹底結下不共戴天之仇，在聖王之後繼位的王也都不斷向新羅施壓。

尤其是第三十一代王義慈王，更是一上位就對新羅發動攻擊，並取得大勝利。而新羅掌權者金春秋[15]的女兒也因此喪生。金春秋盛怒之下，為了滅掉百濟，尋求高句麗、日本

14 編按：新羅及百濟的同盟。
15 編按：第二十九代新羅武烈王。

與唐朝結盟，最終說服唐朝，組合羅唐聯軍。百濟雖說因羅唐聯軍而被滅國，但事實上，義慈王可以說是自己種下戰爭的種子，這或許也是歷史的反諷。

提及義慈王時，很多人都會想到三千宮女。因為他的宮中有三千宮女，生活既奢侈又放蕩，才導致百濟亡國。據說，在羅唐聯軍攻陷泗沘城時，三千宮女奔出宮外，在落花岩處跳崖而亡。

不過，如果實際到扶餘的落花岩看就知道，這是傳說而非史事。因為落花岩根本沒有足夠三千人同時站立的空間，而落花岩下的江水，其水深也不足以淹死那麼多人。

這段故事出自朝鮮中期詩人閔齊仁所寫的〈白馬江賦〉中，史書並無記載。我也認為三千應該不是確切數字，只是表達數量多，只不過傳說流傳至今，很多人信以為真罷了。

事實上，義慈王不論是在軍事或外交上的能力都相當出眾，他在位的後半期也的確創下一些實際功績，因此將百濟滅亡歸咎在他身上實在不公道。歷史是勝利者的紀錄，對於贏者新羅而言，百濟就是一個該被滅的國家，或許也是因為如此，才會故意抹煞義慈王的實績，並放大他的錯誤。

百濟由溫祚王在西元前十八年創立，西元六六〇年為羅唐聯軍所滅。在這將近七百年間遭遇無數危機，也留下許多耀眼的紀錄，這也是文化強國百濟的底蘊。

04

新羅懂合作、擅外交

古朝鮮滅亡後，在韓半島南端有三個部落統稱為三韓，分別是馬韓、辰韓和弁韓。新羅就是從辰韓的屬國「斯盧國」開始發展起來的國家，始祖朴赫居世在此開啟新羅的歷史。根據《三國遺事》中對新羅建國的記載，朴赫居世和朱蒙一樣都是「破蛋而出」。

在慶州一帶有六名村長齊聚想要建立國家，卻苦無合適的領導人。在四處尋找人選時，他們到達了一個叫「蘿井」的地方，看到白馬在井邊悲鳴。村長們一靠近，白馬立刻飛上天，而它原本所在之處有一顆泛著紫色光澤的蛋。後來破蛋而出的男孩就是朴赫居世，他的名字是村長們一起取的，其寓意為使世上煥發光明。

初期的新羅其實很難被稱為國家，因為他們沒有像樣的國名，只是沿用徐羅伐這個地名。再加上位置偏居韓半島的東南一角，被百濟阻斷了海路，所以難以和中國交流，接受先進文明的速度自然較為落後，是以新羅的發展比高句麗和百濟慢。

新羅也是三國中最晚發展出古代國家架構的。在高句麗和百濟以王為中心開展時，新羅連個王都沒有。他們是由朴赫居世的朴氏、昔脫解[16]的昔氏以及金閼智[17]的金氏等輪流治理。幾個氏族交替統治國家就意味著無法擺脫部落聯盟的概念，因為古代國家的基本概念是王位世襲制。

新羅在西元四世紀時，才正式由金氏掌握王位。而且這個契機非常有趣。當時新羅受到倭國（日本）攻擊，處於滅亡危機中，新羅向高句麗求援，廣開土太王出兵擊退倭兵。從高句麗人的立場來看，新羅的政治真是太奇妙了，竟然還有輪流當王的，這樣難道不怕對政事生疏嗎？結果在高句麗的影響下，由金氏接管了王位，而這也有可能是由於金氏較親近高句麗之故。因此，最終慶州金氏掌握王權，新羅也正式開始發展成古代國家。

正式將國號定為「新羅」

百濟和高句麗分別在西元四世紀、五世紀達到顛峰，起步較晚的新羅不得不在夾縫中求生存。而突破此困境的就是第二十二代王智證王，智證王果斷推行改革，建立國家框架，為全盛時期奠定良好基礎。同時，正式將國號定為「新羅」，並開始使用王的稱號。異斯夫[18]是智證王時期的人。在韓國歌曲〈獨島是我們的土地〉中，有一段歌詞如下：「新羅將軍異斯夫在地下也忍不住笑了。獨島是我們的土地啊！」因為智證王曾派遣異斯夫將軍占領于山國，也就是現在的鬱陵島。這時，連附屬於于山國的獨島都是韓國的領土。

緊接在智證王之後的第二十三代王法興王，也是一位改革派君主。就像高句麗的小獸林王帶領林高句麗脫胎換骨一般，法興王也徹底改變了新羅。他以強烈意志決心要打造全新的新羅，也跟小獸林王一樣引進律令，並承認佛教為國教，藉此強化集中王權。

但新羅的土著信仰已經深植民心，法興王欲把佛教當作國教的做法，引起貴族的強烈反對。法興王考慮許久後，叫來了臣子異次頓[19]。異次頓遵照法興王的指示，在新羅人認

16 編按：又稱脫解尼師今，為新羅第四代君主，「尼師今」是君主稱號，新羅昔氏國王始祖。
17 編按：被當今韓國慶州金氏推崇為人文始祖，統一新羅時代的武烈王金春秋的後代都來源於金閼智。
18 編按：六世紀新羅時期的將軍、政治家，他以征服現今的獨島和鬱陵島而為人所熟知。
19 編按：新羅宗室，是當時著名的佛教殉教者，死後被新羅佛教徒視為護法神，並尊稱異次頓聖師。

為相當神聖的深山中建立寺廟。

貴族們得知後大為震怒，要求處決異次頓，法興王按照他們的意思將他斬首，沒想到從異次頓脖子噴湧出白色的血，並在空中開出了血之花。據說，目睹這場面的貴族們嚇得瞠目結舌，因此接受了佛教。

法興王為何要編造這樣的故事？我們或許能從異次頓殉教，了解新羅人究竟有多保守。

高句麗和百濟在接受佛教時，並沒有經歷這麼大的陣痛期，但由於新羅位置孤立，與外國的交流時間較晚，較不容易接受新事物，而原本的權貴想要固守自己之前的信仰，因此需要創造異次頓殉教這樣的故事。

改革向來是難事。不過，我們透過高句麗、新羅與百濟的故事也能知道，唯有改變才能迎來全盛期。智證王和法興王就辦到了，也因此新羅才能達到顛峰。

智證王時代

- 使用「王」、「新羅」的稱呼。
- 征服于山國（異斯夫）。

法興王時代

- 頒布律令。
- 承認佛教（異次頓殉教）。

▲ 新羅智證王及法興王的改革方針

漢江流域，三國都爭著要

新羅二十四代王真興王是法興王的姪子，在法興王離世後，小小年紀的他便繼位。已經具備古代國家雛形的新羅，在真興王的帶領下，更加蓬勃發展，並在他十八歲那一年正式開啟征伐。

隨著領土擴增，真興王的夢想也越來越大，他想讓新羅成為強國，就像之前盤據漢江流域的高句麗和百濟一樣。因為他知道，如果要成就韓半島的霸權，就必須掌握不論是經濟或軍事都擁有很大優勢的漢江流域。

當時，在長壽王的南征政策後，漢江流域一直都是高句麗的領地。沒想到一直盯著漢江流域的真興王，這時收到一個令他欣喜的請託，那就是百濟聖王邀他一起攻打高句麗。

真興王根本不須考慮，因為兩國本就已結盟，又恰巧高句麗正在和北邊的突厥對峙，沒空管南邊的情況。新羅和百濟一起聯合攻擊高句麗，並取得勝利，也讓新羅拿下漢江流域上游，百濟則得到漢江流域下游。

然而，真興王並沒有就此停止，他出兵攻打百濟，併吞整個漢江流域。

這讓已經持續百餘年的羅濟同盟破裂。聖王也因為真興王的背叛而火冒三丈，下定決心要報復，但又不可能馬上打回去，還假意把女兒嫁過去，而真興王也接受百濟的聯姻。

當然，這是為了賺取時間，表面上假裝和平，其實私底下已經在準備開戰，是不是感覺很像灑狗血的連續劇？

真興王的老丈人百濟聖王在西元五五四年出兵攻打新羅，這場戰爭的戰場位在現今忠清北道沃川郡地區，並稱作管山城之戰。該戰役最終以新羅勝利作結。

百濟一開始士氣高昂，但最後經歷聖王戰死的悲劇。聖王被新羅軍斬殺，甚至還有傳言說，新羅不肯歸還聖王屍體，且埋在宮闕之下任人踩踏。

雖然不知道這部分的真實性，不過百濟受到大衝擊卻是事實。因為聖王是引領百濟走向振興期，並且相當受人尊敬的王。因為這件事情，新羅和百濟結下不解之仇。

完全占領漢江流域的新羅，開始展開他的綻放期，同時也能直接與當時的先進國家中國交流。

真興王持續擴張領土，並在他新拿下的領地立碑石，稱為巡狩碑，有國王巡視國土之意。最具代表性的是北漢山巡狩碑，顧名思義，該碑石位在北漢山山頂。

北漢山巡狩碑是真興王占據漢江流域的決定性證據，不過一直到朝鮮後期為止，這事實卻不為人知。揭露北漢山頂峰的碑石是真興王巡狩碑的人，正是創造韓國書法秋史體的名人金正喜[20]。

金正喜直接到現場考察，並且留下詳細紀錄，現在真正的巡狩碑放在國立中央博物館，而原址則設置複製碑石。

我也曾實際爬到山顛上看過，累得氣喘吁吁，真的無法想像這麼艱辛的路途，金正喜到底是如何走過兩次的，不過，也因為他的熱情執著，我們才能更了解過去的歷史。

真興王巡狩碑另存在於咸鏡南道的黃草嶺、摩雲嶺，以及慶尚南道的昌寧郡等，不難想像當時的領土有多廣闊。如果比較其繼位前後的新羅領土，大概擴張超過三倍之多。

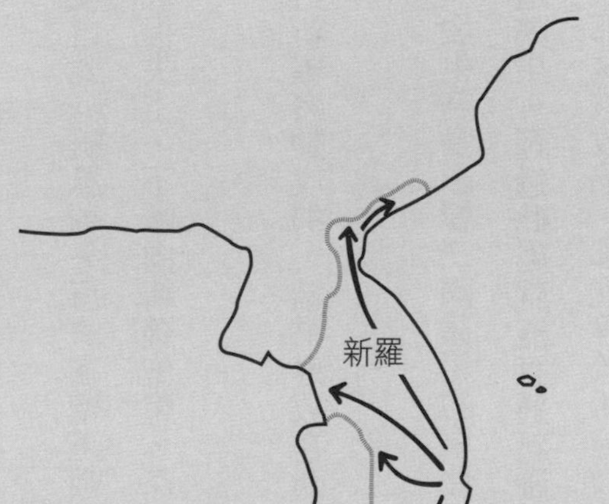

▲ 新羅領土擴張範圍

20 編按：字秋史。

另外，在忠清北道的丹陽也設有碑石，但由於不是真興王親自立的，故不稱作巡狩碑，而是因這碑石位在赤城這個山城中，所以被叫做丹陽赤城碑。

就這樣，新羅因為真興王的引領而走向全盛期，並首次甩開高句麗和百濟，成為韓半島的主導者。

西元六四二年，三國各有各的亂

新羅也不是把漢江流域掌握在手中後，便自此一帆風順。百濟在聖王戰死後，將新羅當成不死不休的仇人，而高句麗也因為想要收復失土，不斷向新羅施壓，甚至為了收復漢江流域，還派出淵達將軍。

為了爭奪漢江流域，高句麗和百濟不斷對新羅發動攻勢，結果導致在西元六四二年新羅陷入危機。

這一年是韓國古代史中至關重要的一年，發生許多影響三國甚鉅的事件。

首先是大耶城之戰。大耶城位在慶尚南道陝川，經過此處就能直通新羅首都慶州，因此在軍事上具有非常重要的地理位置。如果大耶城被攻陷，那就等於新羅被攻下。

百濟因聖王之死而怨恨新羅，所以義慈王一繼位就開始對新羅發動一連串的攻擊，一下子攻克四十座城鎮，眼看馬上就要打到戰略要衝的大耶城。

此時的大耶城城主是金品釋，他同時也是金春秋的女婿。金品釋根本連仗都沒打就直接降服百濟，而百濟軍也將金品釋一家人全部殺死，失去女兒的金春秋大受打擊。

這年，高句麗發生內亂。淵蓋蘇文殺死國王並將其分屍，從而掌握政權。可想而知，接下來高句麗將歷經一段動盪不安的時間。

而新羅也由於百濟不斷攻打邊境感到忐忑不安。當時統治新羅的是第二十七代王善德女王，她為了化解這個危機，派金春秋出使高句麗尋求合作，這就是西元六四〇年韓國史上有名的「平壤會談」。

金春秋向高句麗王說明新羅的困境並尋求幫助，還說因為百濟的攻伐，新羅已經瀕臨滅國。高句麗王聽了金春秋的請求後，提出相當荒誕的要求：「既然要我協助出兵，那就要把漢江流域還回來。」

然而，金春秋不是國王，無法直接做決定，更何況這要求對新羅來說根本做不到，所以便拒絕高句麗的條件。大家知道淵蓋蘇文沒聽到滿意的答案後，做了什麼事嗎？他把金春秋關起來。一直想辦法脫身的金春秋，最終聽取高句麗王寵臣的話，成功逃脫。

得到提示的金春秋立即向高句麗王服軟，並約好回去後會說服善德女王同意以漢江流域作為談判條件，果然淵蓋蘇文依約就放他回去了，但這個約定當然不算數。

上述就是韓國有名的《龜兔故事》，現代人又把這故事叫做《龜主簿傳》或《兔子與鱉》。也就是說，像兔子一樣，以機智騙取龍王的信任逃出龍宮，融會貫通想辦法逃離。

重點整理

西元六四二年三國的大事件，種下羅唐聯軍的種子

- 百濟：義慈王的大耶城之戰→與新羅對立。
- 高句麗：淵蓋蘇文內亂→國內混亂指數上升。
- 新羅：金春秋的平壤會談→高句麗同盟失敗。

羅唐聯軍，完成三國統一

新羅與高句麗的平壤會談就此破裂。新羅雖然想向百濟復仇，但覺得僅憑一己之力無法成功的，因此開始積極尋找同盟國，所以金春秋就將目標放到中國唐朝。

事實上，唐朝也需要新羅。當時，唐太宗開創太平盛世，周邊國家都對其俯首稱臣，唯一無法征服的國家就是高句麗。唐朝同意派兵，條件是要大同江以北的高句麗土地。

最終，新羅與唐朝達成協議，組成羅唐聯軍。新羅也憑藉著唐朝的力量，完成統一三國的夢想。

新羅統一三國大致可以分成三個階段，百濟滅亡、高句麗滅亡，與驅逐唐軍。羅唐聯軍在西元六六〇年先是滅了百濟，金春秋也因為這個功績登上王位，成為第二十九代的太宗武烈王，且是新羅第一位真骨出身的王（參見第一〇三頁新羅的骨品制）。

不過，太宗武烈王金春秋並沒能親眼看到三國

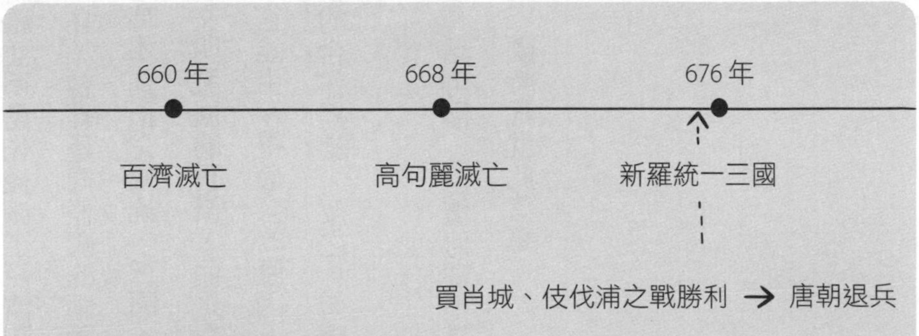

▲ 新羅的三國統一進程

統一。他死後，他的兒子文武王繼位，高句麗才滅亡。而新羅並不是先後滅了百濟和高句麗就完成統一三國，因為唐朝違背盟約，想要掌控整個韓半島，曾經是同盟國的兩國開始打仗。新羅在買肖城與伎伐浦取得大勝後，唐朝才退兵。此時才真正完成統一三國。

統一三國的，既不是幅員廣闊的高句麗，也非擁有耀眼文明發展的百濟，而是新羅。新羅在各方面總是比高句麗和百濟晚發展。或許這也是它能生存得最久的原因。淵蓋蘇文因沉浸在高句麗很強大的自滿中，拒絕金春秋的合作提議，反之，新羅為了生存下去，早已做好誰都能合作的準備。

雖然新羅與唐朝的合作，要以高句麗的廣闊領土為代價有點可惜，但這何嘗不是為了統一三國的權宜之計。新羅成為最後的勝利者，多災多難的三國時代就此落幕。

05

只愛錢不愛權的貿易強國──伽倻

說到三國時代，大家都會先想到高句麗、百濟與新羅。但其實還有一個國家，那就是伽倻。伽倻是聯盟王國，雖然沒有發展成古代國家就已經先沒落，不過到六世紀新羅的全盛時期，伽倻一直都存在。

伽倻雖然夾在百濟和新羅兩國之間，卻沒有想像中弱小，反而相當富足。

伽倻可說是起源於韓半島南邊的卞韓。卞韓像馬韓與辰韓一樣，都是由小國組成的集團。初期引領伽倻聯盟的政權是金官伽倻，而建立金官伽倻的人即是眾所周知的金首露。

在《三國遺事》中，同樣記有伽倻的建國故事。

在慶尚南道的金海地區有九位族長各自掌管其領地，有一天，從一座小山峰的山頂傳來怪聲，這座山就是龜旨峰。這其實是一種預言，叫他們唱歌迎接國王的到來。

〈龜旨歌〉的歌詞是：「龜何龜何！首其現也。若不現也，燔灼而吃也。」意思是烏龜啊！烏龜啊！快伸出你的頭來，若不伸出你的頭，我就把你烤來吃！

族長們唱歌時，天空中降下一顆泛金光的箱子，裡面有六顆金光閃閃的蛋，同時有六名男孩破蛋而出，最先出來的便是金首露。

這些孩子後來分別引領不同的伽倻部族。除了金首露建立的金官伽倻外，還有大伽倻和古寧伽倻……所以說伽倻是聯盟體，而金首露統治的金官伽倻則是這個聯盟的中心。

鐵礦是伽倻的財富密碼

如果套用現代的說法，伽倻就是科技強國。金官伽倻所處的洛東江下游，不僅土地相

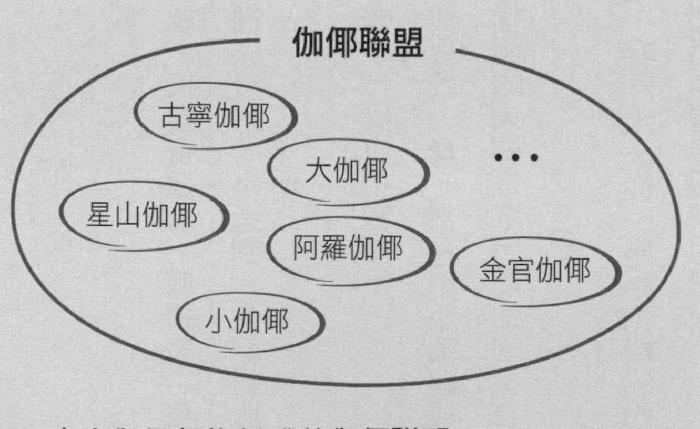

▲ 六大伽倻部族組成的伽倻聯盟

當肥沃，還盛產鐵礦。本來金海這個地名就有「鐵」和「海」的涵義。同時，也能說明此地的鐵究竟多到什麼程度。

時至現今，只要拿著強力磁鐵到金海鄰近的小山，就會發現上面吸滿了鐵砂，真的是盛產優良鐵礦的地區。

鐵礦在青銅時期是超越人們想像的存在，當青銅製武器遇上鐵製武器，根本就不是對手。鐵比青銅來得硬，不只是武器，也很適合用來製作農耕器具。

當時只有身分地位高的人才能取得青銅，反之，鐵就是很稀鬆平常的東西。但難就難在鐵礦必須經過鑄造才能使用，因為鐵要在一千一百度以上的高溫才能融化，而伽倻擁有這樣的煉鐵術，因此可以自由運用鐵。從伽倻出土的遺物來看，不只有人穿的鐵甲衣，也有馬穿的，由此可以看出鐵被大量使用。

伽倻還以卓越的技術製作出鐵鋌。鐵鋌狀似骨頭，是兩端寬大、往中間越細的鐵片，當時也被作為貨幣使用。

就像現代社會比的是半導體產值，當時國家需要有鐵，才能提高生產力、晉身強國，因此周遭國家紛紛湧入伽倻購買鐵器。

金官伽倻之所以能在聯盟中站穩根基，因為它擁有豐富的鐵礦與煉鐵術，再加上沿著洛東江下游就能出海的地利之便，躋身技術與貿易強國。

金首露王可能是韓國史上第一位國際結婚的人，他的王妃許黃玉是阿踰陁國的公主。根據推測，阿踰陁國應該位於現今印度地區，透過兩人的結合，伽倻得以越過海洋與更遠的國家交流。

冶鐵術，連日本都想學

因為日本當時還沒有這樣的技術，所以有很多日本人都前來金官伽倻學習煉鐵術。之前曾提過，百濟的近肖古王贈送七支刀給日本，刀面上也刻著暗示性文句：「你們沒辦法做出這種東西，要知道這是多麼珍貴！」

在西元四世紀末時，日本攻打新羅，差點連首都慶州都被攻陷，這對新羅來說是相當大的危機。著急的新羅遂向高句麗求援，廣開土太王直接率領五萬士兵南下，而這也是高句麗軍隊第一次來到韓半島南部。

廣開土太王把倭軍打得落花流水，倭軍進而逃往伽倻，這不僅是因為能從伽倻搭船返回日本，還有很多日本人住在當地的緣故。

但高句麗軍並沒有就此放過，追擊到底。由於高句麗的攻擊，曾經富足的伽倻開始衰退，伽倻聯盟的主導權也因此從金官伽倻轉移到現今高靈地區的大伽倻。

或許，也可以說，廣開土太王間接改變了伽倻聯盟的政治版圖。

伽倻雖然因豐富的鐵礦致富，卻沒有發展成像高句麗、百濟與新羅等，這樣擁有中央集權體制的古代國家，而是每個小城邦都擁有自己的權力，一直到滅亡為止。

導致上述的原因有很多，不過，也有可能是生活富足反倒成了阻礙。他們會想：「現在又沒缺什麼，幹嘛要聯合起來？」、「有必要擴張領土嗎？」

因為對現在的生活感到滿足，反而忽略對未

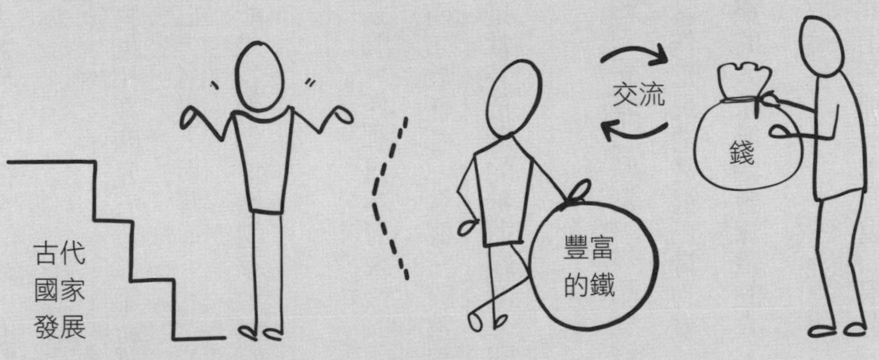

▲ 伽倻認為賺錢比發展國家更重要

來的規畫。換言之，伽倻人就是天生的商人，他們雖然經由貿易賺了很多的錢，但對於打造一個中央集權的強國根本不感興趣。

結果，隨著新羅達到鼎盛，伽倻聯盟也隨之消散。金官伽倻在西元五三二年新羅法興王時期滅亡，而大伽倻則是在西元五六二年真興王時代衰亡，且併入新羅。

雖然伽倻在韓國歷史中的存在感比三國低，最終也沒能成為中央集權國家，然而它先進的技術與活躍的貿易，在國際上擁有很高的地位。

說到伽倻歷史時，不得不提及曾經有一些日本學者主張的「任那日本府說」。

任那日本府說是指倭國（日本）曾在西元四到六世紀時，於任那（伽倻）設置管理機關，並統治韓半島南部部分地區的學說，也就是說，伽倻是當時倭國的勢力範圍。同時，日本還主張百濟和新羅都曾向其朝貢。

其實，日本主張任那日本府說另有私心，那是為了將日帝強占時期[21]侵略朝鮮合理化。因為日本在古代早已統治過韓半島南部，因此將朝鮮當作殖民地是很正常的事，但光看技術發展這一點，這個說法完全沒有可信度。讓不會煉鐵的人來統治會煉鐵的人，這根本說不通。

伽倻的確有很多日本人，或許也是因為這樣，才會衍伸出任那日本府說。不過，日本人來伽倻是為了學習煉鐵術。當時伽倻作為貨幣使用的鐵鋌，輸出到樂浪與倭國，並透過中繼貿易賺取大量錢財。因此，日本人來伽倻的主要目的是學習煉鐵術與貿易。

雖然日本學界費盡心思想替「任那日本府說」尋找有力佐證，但更多研究都顯示這則主張根本悖離事實。

最終，在二〇一〇年韓日歷史共同研究委員會上，決議廢除任那日本府說。若不希望類似錯誤主張又被提起，就得加強民眾與學界對伽倻的關注，而我們也應該記住這個鐵之王國的燦爛歷史。

21 編按：日本帝國主義，韓國人簡稱「日帝」，以下均以日帝稱之。

第 2 章

南北國時代——首次二分天下

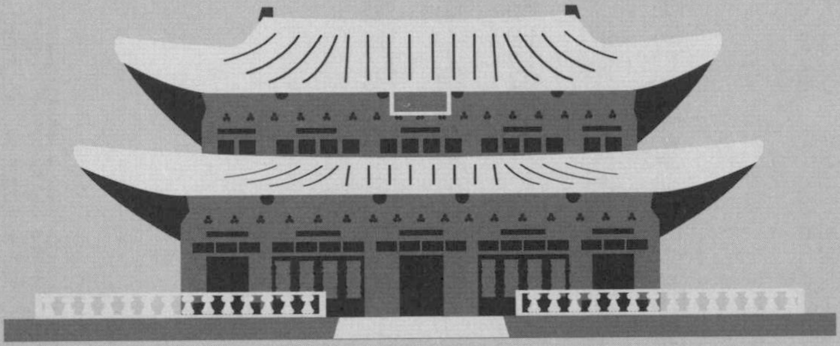

01 沒流一滴血就被滅的渤海國

在新羅統一三國約三十年後，渤海國在原高句麗的土地上建國。之前學界普遍將此時期稱為統一新羅時期，但我認為，稱作南北國時代更為貼切。因為**南邊是新羅，北邊是渤海國，或許跟現在南北韓的情況有點相似。**

第一次提出「南北國時代」的是朝鮮後期實學家柳得恭，他著有《渤海考》，主張渤海國是韓國的歷史。因此，將柳得恭叫做「挽救被遺忘的渤海國歷史的人」，真的一點都不為過。

渤海國的創建者是高句麗後裔大祚榮。身為高句麗遺民的他，在西元六九八年的東牟山附近建立渤海國。渤海國既然是大祚榮所建的，那麼應該是姓大，就像高句麗姓高、百濟姓扶餘、新羅姓金。

我們之所以得知渤海國是由大氏建立的，是因為渤海國人大都為靺鞨（音同墨盒）族[1]。當羅唐聯軍滅了高句麗時，唐朝將高句麗遺民強制驅逐到遼西地區，而那裡住著非常多的靺鞨族。大祚榮趁著唐朝內亂，帶領高句麗遺民和靺鞨族突破重圍，並成立國家。雖然不知道靺鞨族以及渤海國是否認為自己是高句麗的延續，但渤海國是以大祚榮為首的高句麗遺民所建立，統治階層也都是高句麗人，因此他們應該深刻覺得自己創立的國家是繼承高句麗。

我們可以從渤海國寄給日本的外交文書中看出，渤海國秉承高句麗的意識。渤海國派遣使臣團到日本，其遞交的外交文書被記載在下列《續日本紀》[2]中。

> 高麗國王（大欽茂）遙聞先朝登遐天宮，不能默止，使揚承慶等來慰。（日本）二月己卯，賜渤海王書云，天皇敬問高麗國王。
>
> 吾等恢復高麗故土，同扶餘風俗。

1 編按：活躍於中國古代東北地區一支滿－通古斯語族的民族，靺鞨的主體部落粟末靺鞨於唐代創立渤海國。

2 編按：日本平安時代編撰的官方史書，記載自文武天皇元年（西元六九七年）至桓武天皇延曆十年（西元七九一年）之間的歷史大事。

第一句直接寫出「高麗國王大欽茂」，高麗是高句麗的別名，因為以前高句麗又被稱為「高麗」或「句麗」。既然渤海國王都自稱是高句麗王，還有比這個更確實的證據？

文化層面也是如此。渤海國使用高句麗的暖房構造，也就是「溫突」。溫突是韓國獨有的暖房結構，這也表示渤海國的生活方式和中國與俄羅斯截然不同。不僅如此，渤海國的墳墓結構與佛像雕刻方式等，都與高句麗相當相似。

中國透過東北工程[3]將渤海國的歷史編入中國史。渤海國雖然是韓國的歷史，但要提出有力證據卻有難度，這是因為渤海國沒有留下什麼相關紀錄，而韓國累積的相關研究也尚且不足。然而，我們還是不能遺忘渤海國的歷史，需要不斷給予關注，才有可能找到新的證據。

韓歷史上擁有最遼闊領土

擁有繼承高句麗意識的渤海國，與聯手滅了高句麗的新羅和唐朝，一定不可能維持良好關係。其實，在初期時，渤海國與新羅、唐朝常有衝突。渤海國第二代王武王就為了牽制兩國，努力擴張國土。

當時分布在滿洲地區的靺鞨族中，勢力最強大的就是親唐的黑水靺鞨，而唐朝也時常利用黑水靺鞨來壓制渤海國。忍無可忍的武王一邊派弟弟攻打黑水靺鞨，另一邊派張文休將軍攻打唐朝。當時的唐朝不僅稱霸東亞，甚至是舉世聞名的強大帝國。

渤海國攻打唐朝的地方就是現今鄧州，鄧州多霧，長時間被濃霧包圍。我也去過鄧州，起霧時真的是伸手不見五指。不知道渤海國人是不是利用這樣的氣候來突擊，我站在那裡時，想像著發動攻擊的渤海國士兵與防禦的唐朝士兵。之前高句麗不也果敢正面迎擊隋朝的百萬大軍嗎？繼承高句麗的渤海國，果然士氣超強。

九世紀初，第十代王宣王時，渤海國邁向鼎盛期，並已恢復高句麗時代的大部分土地。南邊與新羅接壤，西邊到達遼東，北邊越過滿洲來到今天俄羅斯的濱海邊疆區（舊稱沿海州），幅員遼闊，是韓國歷史上國土最大的國家。

渤海國因領土太大，所以需要整頓行政區。除了首都上京，還設有中京、東京、西京與南京等五京，其下設十五府六十二州。唐朝看到渤海國發展得這麼好，稱其為「海東盛

3　編按：東北邊疆歷史與現狀系列研究工程的簡稱，主要研究古代中國疆域理論、東北地方史和民族史、古朝鮮、高句麗和渤海國，以及中朝關係史等。

國」，意思是位於海的東邊的興盛國度，可謂是百分百的東亞強國。

渤海國繼承高句麗，成為韓國史上支配領土最大的國家，它磅礴的氣勢也能從文化遺產中窺見一二。

大家如果到較古老的寺廟應該都能看見石燈，在沒有電氣的時代，人們會在石燈中放入燭火，照亮周邊。

韓國所遺留下來的石燈高度大都不及兩公尺，但渤海的石燈卻高達六．三公尺，這個巨大石燈目前還屹立在現今黑龍江省的寺址中，與我們之前說過的廣開土太王陵碑的大小相似，超過一般石燈的三倍大。

光看石燈照片可能感受不出實際尺寸，要有人站在旁邊對比才能真切感受到其驚人大小。此外，我們也可以感受到渤海國的確承襲高句麗的雄壯進取氣勢。

▲ 渤海國最大領土範圍

滅亡原因至今成謎

在兩百多年間一直無往不利的渤海國，最後莫名其妙滅國。**西元九六二年，契丹入侵，也就是後來建立遼的第一個皇帝耶律阿保機打進來，渤海國瞬間滅亡。**根據遼的紀錄表示：「沒流一滴血就滅掉渤海國。」曾如此興盛的國家，不敢相信竟是這樣滅亡的。

持續約兩百三十年的渤海國，它的滅國原因就像一個謎團，至今無解。難道由於渤海國大都是靺鞨族而不是高句麗人，因此缺乏守護國家的意識嗎？

也有人推測，亡國可能與西元十世紀的白頭山火山爆發有關，因為它的首都上京就在白頭山附近，所以即便契丹很強大，渤海國確實有可能因火山滅國。

同時會有這麼多推測，也表示渤海國的滅亡實在是太匪夷所思。我們應該多研究渤海國的歷史，因為其領土橫跨北韓、中國及俄羅斯，如果這樣不明不白的結束，真的是非常令人惋惜。有一天，希望我們能解開隱藏在渤海國歷史中的祕密。

02 混亂的後三國時代就此落幕

慶州有個地方名叫甘浦，從市區往甘浦的方向走，就會看見靠海處有一塊空地。這裡曾經是以前感恩寺所在地，所以被稱為感恩寺址。雖然以前曾是相當壯闊莊嚴的寺廟，但現在只留下兩座三層石塔。

來到感恩寺，一定要細看歷經一千五百年歷史風霜的三層石塔，感受它的力量。當時的新羅應該自信且驕傲，覺得自己完成統一，從這石塔不難看出當時意氣風發的樣子。

感恩寺建於文武王時期，他繼承父親太宗武烈王的遺志統一三國，卻也時刻擔心自己，能否好好維持費盡千辛萬苦才一統的國家，又煩惱該如何改善因戰爭而顛沛流離的百姓生活，在這樣憂國憂民的情況下，著手建立感恩寺。

不知道是不是真的放不下心，文武王臨終前，要求死後要火葬並埋在東海，因為他想變成東海的龍，死後也要守護國家。從這裡可以看出，文武王真的很愛國。

感恩寺在神文王時竣工，神文王是文武王的兒子，雖然感恩寺是由文武王的愛國心所建，卻是在神文王的孝心下完工的。故寺廟的名字取自感謝的感、恩惠的恩，意思是感謝死後也要守護國家的父親之恩，並祈願往生極樂。

經過三層石塔，可以看到大殿的遺址。大殿遺址位在整個寺廟的正中央，同時也可以看到一個刻意留空的空間，這是為了讓變成龍的文武王得以進來休憩所打造，也能從中看出兒子掛念父親。

神文王根據父親遺言將其火化，並在東海建墓。由於墓建在海上，因此無法被找到。直至今日，尚不知文武大王陵在哪，目前推測感恩寺前面的大王岩，可能是文武大王陵。

關於文武王，還有一則有趣的故事，那就是萬波息笛傳說。據說，變成海龍的文武王與成為天神的金庾信[4]，給神文王留下了能守護國家的寶貝——那東西就是竹子。

神文王將竹子做成笛子，即萬波息笛。一如笛子的名字，取其「能平息一萬個波浪」之意，並代表能消除憂慮、帶來平安。傳聞吹響萬波息笛，不僅能退兵，還能消除病厄。

4 編按：朝鮮三國時代新羅國的大將，亦是在新羅時代統一朝鮮半島的最大貢獻者。

文武王即使已經變成了龍，還要留下能守護國家的物品，可想而知，對新羅人來說，文武王就像是守護神一樣的存在。我想，或許是因為文武王的護國精神，與新羅人期望國家在統一後，能獲得和平與安定的信念，才造就萬波息笛的傳說。

百姓的勞動力，只有王才能用

因文武王的懇切，統一新羅維持了近兩百年的和平，神文王也在統一新羅初期建立國家框架。不只是在政治與經濟層面，就連社會和文化層面等，都奠定非常好的體制。神文王的政治目標相當明確，那就是強化王權，因此設立教育機關「國學」來教導儒學。國學，即是現在的國立大學。新羅是佛教國家，為什麼要設立大學來教導儒學？這是強化王權政策的一環。因為儒家思想最強調忠，對國王盡忠是其基本。靠武力讓部下臣服並不長久，所以藉由儒學讓他們發自內心服從國王。

先以儒學培養人才，接下來是管理貴族。神文王廢止貴族們的主要經濟來源，也就是「祿邑」，這是非常關鍵的決定。

現今官員們也是吃國家的俸祿。所謂「祿」，指的是工作的報酬，相當於是薪水。祿邑即用「邑」來支付祿，便是韓國人常說的「邑、面、洞」[5]中的邑，簡單來說，就是讓貴族管理一個村莊。

例如，王將村莊B給臣子A作為俸祿，但並不表示貴族具有土地所有權，土地還是歸百姓所有，而貴族擁有的是百姓繳交的稅金。簡言之，B村子的村民繳交稅金的對象是貴族A而非國王，相當於是當時公務員的薪水。

百姓們支付稅金的種類，從古至今都沒有太大的差異，不外乎租稅、納貢與徭役。租稅指繳交生產的部分糧食，相當於現在的財產稅或所得稅的概念；納貢指的是上貢地區特產，例如濟州島獻上橘子、公州獻上栗子等；徭役是指提供勞動力，像是充軍的軍役、運送物資或土木工程的力役等。

貴族們很喜歡祿邑制度嗎？大家想，能把一整個村子的稅金全部收入囊中，這是多棒的事啊！然而，貴族們最喜歡的還是徭役。不只是百姓提供的勞動力，更重要的是，可以將勞力轉化成軍事力，說穿了就是使役村子所有人，甚至還可能帶領他們叛亂。

神文王廢止會威脅到王權的祿邑制，開始實施所謂的官僚田。官僚田中的「田」是什

5 編按：韓國行政區名稱。

麼意思？是指田裡出產的稅金，也就是之前說的租稅和納貢。

因此，百姓的勞動力，現在只有王才能使用。

統一新羅的初期應該相當混亂，因為三個國家合併成一個，行政區等也都必須重新規畫，故而將全國劃分成九州五小京[6]。這裡的「小京」是指小慶州，因為首都慶州位於韓半島東南邊，要管理之前高句麗和新羅地界並不容易，所以才在各地設立小京。

就這樣，神文王全方位重整統一新羅，強化集中王權，同時削弱貴族勢力，完善政治與經濟體制，國家也因此才能快速步入安定，並開始發展。

重點整理

神文王的改革

- 設立國學，發展儒家思想教育。
- 實施官僚田，削弱真骨貴族經濟力。
- 整頓地方行政組織。

發展佛教安定民心

由於統一新羅在初期就立下明確國家框架，因此才能發展出燦爛的文化。從那時期的文化遺產來看，就能感受到它的強大氣場。

新羅的首都慶州被稱為「千年的寶庫」，這可不是白叫的。在我求學期間，學校戶外教學一定都會安排去慶州，而且一定會有佛國寺和石窟庵這兩個行程，這兩個地方可以說是統一新羅時期最具代表性的地方。

位於慶州吐含山下的佛國寺，從它的名字「佛國」兩字就不難看出，是體現佛祖國度的寺廟。提到佛國寺，就會想到它的三層石塔和多寶塔。這兩者並列在大雄寶殿前，模樣及造型皆不同的兩座塔，到底為何會並排在一起？因為這有它們要傳達的故事。

首先，是被稱作釋迦塔的三層石塔。它是象徵現在佛釋迦牟尼佛[7]的塔，呈現釋迦牟尼佛說法的樣子。大家不妨留心察看釋迦塔旁邊擺有很多蓆子，這是將眾生來聽釋迦牟尼

6 編按：九州分別為良州、尚州、康州、熊州、全州、武州、漢州、朔州、溟州；五小京則是國原小京、北原小京、金官小京、西原小京、南原小京。

說法的畫面形象化。

而多寶塔則是過去佛燃燈佛的象徵。在《法華經》中，燃燈佛和釋迦牟尼佛曾有過約定，當釋迦牟尼佛說法時，燃燈佛會在旁邊證明他的話是對的。因此，既然都已經將說法的釋迦牟尼佛形象化了，旁邊自然少不了燃燈佛。

這兩座塔是將《法華經》中的內容，加以形象化的產物。同時，佛國寺也是藉由佛法，具體呈現國家體制的地方，因此，空間規畫特別重要。當然，透過佛國寺，我們也能看到統一新羅透過佛教安定民心，並取得發展的意圖。

沿著佛國寺一直往上，就會抵達石窟庵。雖然現在大家都是搭車上去，但以前我們校外教學時都是走上去的，再加上當時大家都說要上去看日出，因此一大早就得出發。雖然開車只要十五分鐘，但清晨時走上去真是生不如死。

不過，石窟庵實在非常值得一看，它真的太美了。佛像既慈悲又莊嚴的表情、簡樸又柔和的身體線條，還有增添威嚴感的天頂等，都令人讚不絕口。

佛國寺與石窟庵不僅是統一新羅時期的寶物，更是代表韓國佛教文化的遺產。因為其獨創性與藝術性，也被指定為世界文化遺產。

如果說，感恩寺與大王巖看到統一新羅的新氣象，那麼，佛國寺與石窟庵則見證到當時代的氣場，說它是韓國歷史上最具有佛教美感的國家也不為過。因為即使在後世，也很難找到如此細膩且完成度高的巨作。

韓國最出類拔萃的鐘——阿媽米鐘，也是在新羅時期鑄造的。阿媽米鐘的正式名稱是聖德大王神鐘，是第三十五代王景德王為替其父親聖德王祈福而打造。統一新羅時期的藝術巨作大都出自聖德王到景德王時期，因為這時也正是統一新羅的顛峰。

文化就是歷史的鏡子。當時與統一新羅交流的國家不只有唐朝，還有日本和西域。當然，也是有不得不交流的原因。當時，因為有很多中國留學生，以及因政商目的而往來兩國的人，在山東半島設有名為新羅館的住宿設施，甚至還有新羅人群聚生活的新羅坊，為了管理該作坊，還設置了叫新羅所的行政機關。

根據《三國遺事》記載，全盛時期的慶州約有超過十七萬戶。若以一戶五口人來計算，當時慶州的人口高達九十萬。雖然很多學者對於這數字的準確性抱持不同看法，但光看這紀錄，表示當時的慶州真的非常富庶。在統一之後，慶州發展成商業都市，展開活躍的國際貿易，經濟繁榮。

7 編按：另有過去佛燃燈佛及未來佛彌勒佛，並稱三世佛。

然而前景一片看好的統一新羅，卻因惠恭王被殺，開始陷入混亂時期。

有才能沒用，會投胎才有用

惠恭王是景德王的老來子，很小就繼承了王位。然而，原本強勢的王權開始衰退，有權勢的貴族忙著爭權，結果惠恭王不慎被殺，他死後究竟被埋在哪，這些都無從得知。之後統一新羅的真骨貴族展開王位爭奪戰，王室沒有一天安寧。不只是政治上退步，神文王時期廢除的祿邑制度也再次復活，這麼一來，貴族的力量越來越強大。

由於王室無暇去管控地方，因此各地都有新勢力登場。有人站出來高喊：「我是城主！我是此地的將軍！」這些人就是所謂的豪族。豪族們蓄積自己的實力，在新羅掀起一股新風潮。

豪族可分成第一代與第二代。第一代的代表人物就是海上王張保皐。他是平民出身，雖然非常會射箭，但在骨品制度根深蒂固的新羅社會，等於空有一身好武功。

在新羅，若非王族和貴族階級，才能再好都沒用，骨品制度剝奪大部分人的機會。出生在海邊的張保皐，先是去了唐朝，而後進入鎮壓反叛軍的部隊，且以超高速度升遷。成功變身軍人的他，開始從事貿易事業，並賺了非常多錢。張保皐的名字在當時聞名遐邇，甚至連中國與日本都廣為人知。

張保皐回國後，聽到新羅人被海賊抓去當奴隸的事。他得到國王的許可後，在全羅南道的莞島設置擊退海盜的基地清海鎮，海盜也因此漸漸絕跡。

不過，張保皐出眾的能力與巨大的財富，還是無法越過骨品制的高牆，因此他參與了真骨貴族的王位爭奪戰，費盡心力想讓自己的女兒成為王妃。

張保皐沒來得及實現夢想，就被暗殺了，真的是充滿戲劇性的一生。

第二代豪族不同於張保皐的是，他們根本不想涉入新羅的政界，而是乾脆自己建立新國家。由此可見，新羅王室已經式微到如

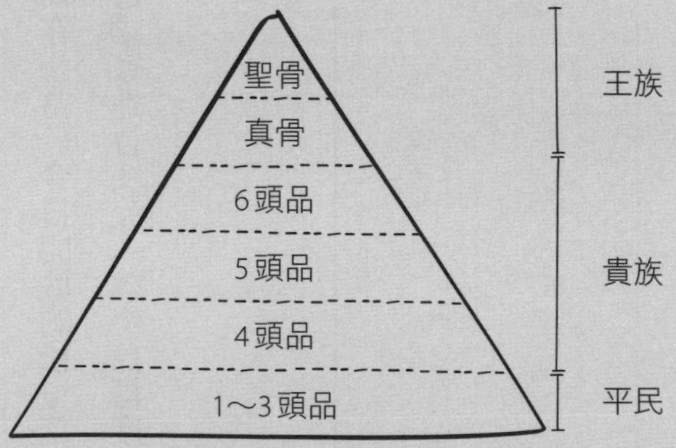

▲ 新羅的骨品制

此程度。

甄萱在相當於現今全州的完山州建立後百濟；弓裔在相當於今日開城的松嶽創立後高句麗。後百濟與後高句麗已經有國家的雛型，也與周邊國家進行交流，韓半島再度變回統一三國前的模樣，因此又把這時期稱為後三國時期。

重點整理

豪族登場

- 第一代豪族：張保皐——設置清海鎮。
- 第二代豪族：甄萱、弓裔——形成後三國局面。

陷入混亂的後三國時代

不過，不可一世的甄萱和弓裔，最後都沒有落得什麼好下場。

弓裔自稱是彌勒佛，強調擁有能讀人心的觀心法，並將自己神格化。只要是他討厭的人，便當場隨意斬殺，這樣的恐怖政治導致民心悖離，連臣子也不再追隨他。

最終，弓裔被他的寵臣王建以及隨眾趕下王位。據說，弓裔成功逃到山中，但因忍不住飢餓而撿拾麥穗吃，結果被百姓發現，死狀相當淒慘。後高句麗的弓裔，最後敗在過度自負上。

反之，甄萱的氣勢銳不可當。不要說是弓裔，就連王建都難以抗衡。甄萱不斷攻擊新羅，占領許多城池，甚至還奇襲慶州。最後使新羅第五十五代王景哀王自裁。

甄萱隨後隨意挑了一人當王，被選中的就是新羅的末代王，敬順王。不過，成功擠下弓裔並建立高麗的王建，勢力越來越大，開始試圖壓制甄萱。

此時發生了關鍵性事件，就是甄萱的四名兒子開始奪取王位，以長男為首的三個兒子，將父親甄萱囚禁在金堤市[8]的金山寺，整個家庭分崩離析。

被關了三個月的甄萱，好不容易逃出來並投靠王建，王建也敞開雙臂迎接他。曾經在後三國時代呼風喚雨的甄萱，最後竟然就這樣委身敵營，令人不勝唏噓。

敬順王聽到甄萱投靠王建的事，就主動聚集臣子前往高麗投降。因為當時新羅本來就已經在高麗的羽翼之下，因此決心將整個國家交出去。曾經以千年歷史自豪的新羅，就這樣靜悄悄畫下句點。

甄萱投靠高麗，高麗又滅了後百濟，混亂一時的後三國時期就此落幕。

誰一開始能想到新羅會統一三國？然而，這最小的國家卻完成了這個夢想。而王建在後三國中，也不是主角級人物，他只是弓裔的一位部下。果然，上位者要時時警戒，避免剛愎自用，而次要者也不能放棄夢想，要努力不懈。這正是後三國時代的歷史想要給我們的教訓。

8 編按：現今全羅北道西北部的一座城市。

第 3 章

高麗時代——人人都能為官為王

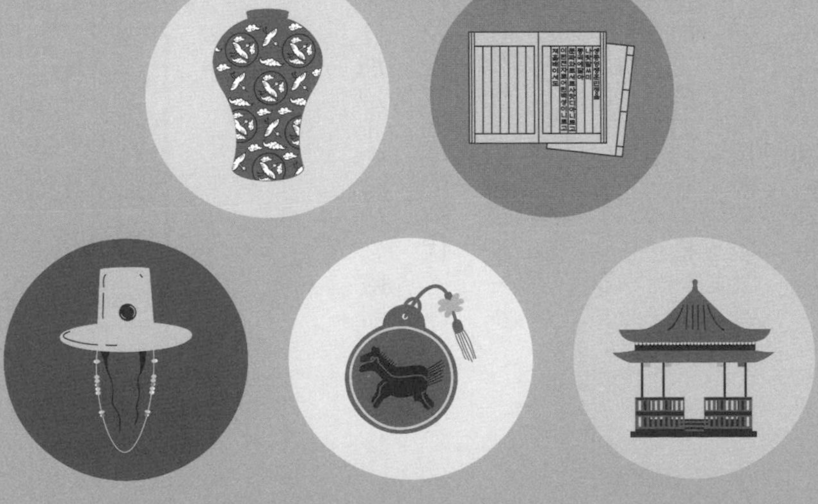

01 肅清豪族、強化王權

韓國歷史將朝鮮開港前稱為前近代，大致可以分成四個時期，分別是先史時代到鐵器時代的紀元前，三國到南北國時期的古代，中世紀的高麗時期，以及近代的朝鮮時代。根據這個分類，高麗時代被歸為中世紀，是指此時期與古代社會相比，取得更進一步的發展。也就是說，統一新羅與高麗並不只是單純的王朝更迭，而是時代性格的轉變。那麼，究竟是什麼樣的改變？為什麼我們會說，高麗開啟了中世紀的歷史？

在歷史上，所謂發展，指的是人類的自由擴大。雖說技術發達與生產力提升也是一種發展，但不足以作為歷史上的指標。這意指要變成更好的狀態，故而不管技術有多麼發達，只要人民還是飽受壓迫，就無法稱得上是發展。因此，判斷基準是個人的自我實現，以及人民的自由程度。

在古代社會，因為有身分階層限制，所以很難體現自由。舉例來說，像新羅骨品制這種封閉的身分制度，不管你多有能力，隨著出生時被劃分為聖骨、真骨或六頭品，未來都無法突破階級更進一步。所以，慶州金氏大部分都是王族，或是世襲高官。

而中世紀之後就有所不同了，雖然高麗也有階級制度，但同時也講究實力。如果說古代社會只看身分，那麼中世紀就是既講求身分又看重個人能力，也就是說，只要有實力，都可能有實現夢想的機會。

最具代表的例子是科舉制度。參加國家主辦的考試，只要通過了，就有機會獲得官職、一展長才——這是高麗時期之前完全不敢想像的。

到了朝鮮時期，實力就越來越重要了。不管出身再好，只要考不上科舉，便無法擔任高官，而這也是朝鮮時代被歸為近代的原因。

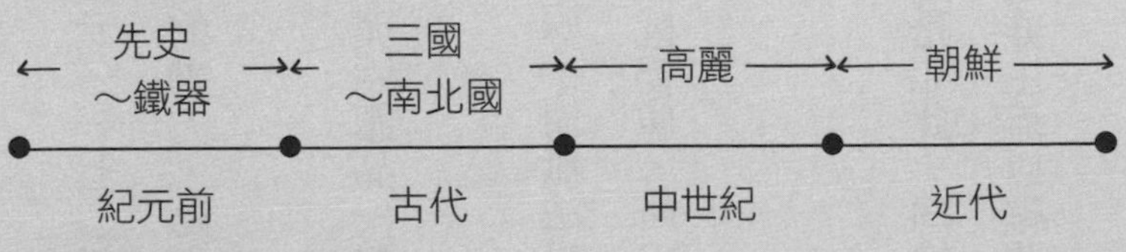

▲ 前近代史的世代區分

攏絡豪族勢力，靠娶親

高麗的歷史約莫有五百年。在正式開始了解這段史實之前，將以西元一一七〇年的武臣政變作為分界點，劃分成高麗前期和後期。兩者最大差異在於支配者的勢力。隨著主導勢力的不同，各時期所展現的時代性格也不同。

高麗前期，建國勢力自然而然主導了政治。因為高麗是由地方豪族與六頭品一起打下來的天下，也就是說，是非主流所建立的國家。

就像之前提過的，在新羅，就算你再有實力，只要你不是出身貴族，便無法得到認可。換言之，即使你工作做得再好，也無法升遷，為此豪族和六頭品大感委屈，所以才想要開創新的國家。

因此，高麗導入科舉制度，只要有能力，就有出仕的可能。

轉念一想，好像非主流總是會建立新的國家，後面要講到的朝鮮也是如此，同樣是高麗末年的非主流士大夫們提出改革，並建立新的國家。我覺得，這就是非主流以堅強的意志想要改變主流勢力所掌握的世界，最終開啟了新世界。

高麗的第一代王太祖王建，驅逐弓裔，於西元九一八年建立高麗，而後三國時代也在西元九三六年結束。在這將近二十年的時間，後三國天天都處在戰爭中，王建也曾在此過程中幾度命懸一線。

像是在現在大邱八公山附近發生的公山之戰，就是王建距離死亡最近的一次。當時他們快要被敵軍抓到，部下申崇謙提議要和他交換衣服，留下來牽制敵人，為王建爭取逃脫時間。

結果申崇謙最後被敵軍抓住並斬首，王建幸而撿回一條命。當時包含申崇謙在內，有八位部下守護王建，他為了不忘記這些人，因此在公山前面加上一個「八」字，也就是現在大邱的八公山。

而王建很快在古昌之戰中把這次的侮辱加倍奉還，且大勝甄萱，而這也成為後三國統一的重要契機。這裡所說的古昌不是全羅北道的高敞，而是慶尚北道的安東。安東的地名，是根據王建所言「必使江東安定」而改成的。

從這些歷史來看，很難說王建是靠一己之力建國，而是在很多豪族的幫助下完成後三國統一。因此，高麗可以說是豪族聯合政權，從正面觀點而言，是與豪族合力建國，從反面來看，這些豪族也成了債主。

這麼一來，王建不像其他的建國始祖那樣擁有強權，他只能小心翼翼看豪族的臉色做事，並透過聯姻娶豪族的女兒為夫人，以此穩固關係，有時甚至還會賜姓。

此外，久經戰亂、民心渙散，以及社會分裂等，都需要王建一一收拾，雖然他也付出諸多心力，但高麗王朝初期就是一團亂。

王建一共娶了二十九位夫人，你想他的兒子會有多少？答案是二十五個，而這恰恰埋下不幸的開端。因為王建死後，眾多兒子們一定會開始奪取這個王位。

王建可能只要看到兒子就會想起：「我死之後，你們會開始爭奪王位，這該如何是好？」因此，王建在死前留下《訓要十條》，整理出十項後代國王必須遵守的要點，由此就能看出他有多麼不安。

在王朝的社會中，兒子多反而很致命。王建的擔憂果然成真，他死後，王室陷入一片爭權鬥狠中，更有人死於這些權力暗鬥。

《貞觀政要》是韓國國王必讀書目

王建之後登基的惠宗和定宗，在位沒幾年就死了，他們都是處在被暗殺的威脅與叛亂的壓力中，即位不久便離世[1]。接著繼承王位的君主，就是王建的第四子光宗。

即使在光宗即位後，還是有很多人虎視眈眈盯著王位。光宗知道，只要他鬆懈下來就可能會死，因此在他即位的七年內，都不敢顯露真心。光宗每天都在讀書，據說一天到晚都拿著《貞觀政要》，這是一本整理唐太宗和臣子對談的政治問答書籍。

身為國王卻不推行任何政策，每天只知道讀書，臣子們應該會覺得：「這個國王也太沒用了吧？」光宗就是利用此方式讓臣子放下戒心，因為如果不偽裝，估計又要被殺。

光宗的預感非常準確，豪族們都把他當成傀儡，一直到第七年，才開始做他真正想做的事。從另一個角度看，光宗在這段時間，很謹慎的藏起了他的野心。

尤其是**光宗讀的這本《貞觀政要》，並不是普通的書，書中有為君之道、人材選用等，簡單來說，就是帝王必讀的政治指南。**

光宗一邊讀書，一邊在腦中整備肅清豪族與強化王權的計畫。

經過七年的時間，光宗終於亮出他的第一張改革牌——奴婢按檢法。奴婢按檢是指仔細調查奴婢的身分，並解放被逼迫成奴的人。

那麼，誰是擁有最多奴婢的人？當然是豪族。因為奴婢是豪族的私有財產，甚至在緊

1 編按：兩人分別在位約二一．四年左右。

急時還能作為士兵使用。但如果讓這些非法成為奴婢的人變成良民，就等於減少豪族的私有財產，也弱化他們可以任意動員的軍事力。光宗正是看準這一點，這跟統一新羅時期神文王廢止祿邑制度強化王權是一脈相承的政策。

豪族們自然不可能乖乖把財產交出來，所以光宗便藉口哄騙豪族說：「良民多，稅金才會多。」實際上，當時國家的財政狀況一團糟，因為這七年他只能受豪族擺布，根本無法好好治理國家。

光宗表示「收了稅金才有辦法付薪水給大家」，似是而非的說法讓豪族摸不著頭緒，就這樣接受奴婢按檢法。畢竟光宗只是傀儡國王，豪族們根本沒有懷疑過他。

繼奴婢按檢法之後，光宗緊接著推行科舉制度。科舉制度是藉由考試來選拔並任用官員，也就是說，要透過考試來證明實力才能當官。這時實行的科舉制度，一直到一八九四年甲午改革時才被廢止，從高麗王

▲ 推行奴婢按檢法兩大好處

朝五百年起算，再加上朝鮮王朝五百年，總共實行約一千年左右，算是橫跨中世紀與近代的偉大制度。

規勸光宗推行科舉制度的，是一名叫雙冀[2]的歸化中國人。

大家可以想想，假設今天我們在討論國家大事，然後突然有一位外國人來指手畫腳，大家會怎麼看？我認為，這真的是很不容易的事情。然而，光宗卻能傾聽外國人的意見，這同時也意味著當時的社會有多開放。

雙冀最後擔任翰林學士，這也彰顯出光宗任人唯才，不論國籍。

光宗想推行科舉制度，豪族們當然反對。因為奴婢按檢法，豪族們失去了士兵兼財產，現在竟然又來一個科舉，簡直就是雙重打擊。

結果豪族非常氣憤，拿著刀衝去質問光宗：「當初我和太祖一起打天下，現在我兒子竟然要透過考試才能當官，簡直滑天下之大稽！」

雖然豪族們暴走，不過現在的他們早已不比當年，光宗正好趁機肅清豪族，這在實行

2 編按：來自後周，曾擔任過後周的武勝軍節度巡官將仕郎試大理評事，光宗七年（西元九五五年），跟隨冊封使薛文遇來到高麗，光宗愛其才，遂求後周將其留在高麗。

奴婢按檢法之前，根本是不可能的事。

光宗花七年臥薪嘗膽、假裝傀儡，從奴婢按檢法到科舉制度，慢慢讓豪族放下戒心，最後讓他們叛亂，再以謀逆為由將其一網打盡。如果一開始就站出來說要消滅豪族，可能早就被滅了，由此也能看出光宗是相當有城府的人。

因此，高麗王室有一段時間都陷在腥風血雨之中，很多人死去，曾經一度高達數百名的豪族，只剩下四十名左右，可以說是血流成河的肅清行動。而後光宗自稱皇帝，並使用年號「光德」，以此達成強化王權。

重點整理

光宗強化王權三要點

- 實行奴婢按檢法，導致豪族軍事力下降。
- 推行科舉制度，任用新進官員。
- 使用皇帝與年號。

只要有能力，誰都能當官

光宗之後歷經景宗，並來到高麗第六代王成宗。成宗這樣的謚號，只會用在完善國家體制、國泰民安的王身上。因為「成」字是指達成，所以被稱為成宗的人，都是很有成就的人，朝鮮時代的成宗也是如此。

至於《時務二十八條》是由儒學者崔承老建議起草的，時務指的是現在該做的事，並以儒家的政治思想為中心，整理出高麗當務之急的改革案，且絕大部分都獲得成宗認可。

從這裡我們可以確實看出新羅和高麗社會的差異。崔承老是六頭品出身，而他也是新羅有名的儒學者崔致遠[3]的後代子孫。慶州崔氏的始祖崔致遠是個絕頂聰明的人，他前往中國留學時，也以聰慧聞名。

結束留學生活的崔致遠，帶著唐朝皇帝的國書衣錦還鄉回到新羅。但可惜的是，新羅王室卻不懂得重用這樣的人才。六頭品出身的崔致遠，身分成為他仕途上的絆腳石。

3 編按：被譽為「東方儒學之宗」、「東國儒宗」、「四海第一人物」，與李奎報和李齊賢被稱為朝鮮文學史上的三大詩人。

崔致遠像崔承老一樣，同樣也向國王遞交改革書，卻不被接受。當時新羅已經亂到連農民都快要叛亂，越是這種時候越需要改革，但就因為崔致遠非貴族，所以大家都不把他的意見當一回事。

雖然同為六頭品出身，但新羅的崔致遠做不到的事，高麗時代的崔承老卻完成了。因為新羅可以說是姓金的天下，然而高麗管理階層卻很多元，是由地方豪族與六頭品等非主流勢力所形成，因此能發展出比以前更加開放的社會。

崔承老的改革案中，最具代表性的就是派遣地方官的制度。得益於此，高麗在各要塞地方設置了十二牧，並首次派遣地方官。

派遣地方官具有相當重要的意義。地方官是王的左右手，在這之前高麗各地都掌握在豪族手中，而王把自己的得力左右手派過去，也代表真正統治該地，這與早前需要看豪族的臉色時相比，真的是變化極大。

高麗的統治系統在成宗時期臻於完善，從之前因豪族聯合政權而混亂的政治體制，轉變成中央集權體制。成宗利用光宗打下的基礎，安定政治，並克服初期的混亂，逐漸發展茁壯。

02 不證實也不否認的外交政策，抗契丹

高麗真的歷經過多次外族侵襲，幾乎五百年內都處在戰爭中。十至十一世紀時契丹入侵，十二世紀時，受到女真的侵略，十三世紀時蒙古進犯，除此之外，十四世紀時，連紅巾賊和倭寇都打了進來。當時的高麗時代可謂是外族侵略時代。

高麗怎麼說，契丹就怎麼做

我將按照時間順序來講述外部勢力侵略高麗的歷史。首先，契丹第一次入侵是在西元九九三年成宗在位時，當時兩國關係不睦，因為高麗從太祖時期就開始接受渤海遺民，因此相當排斥滅了渤海的契丹。反之，高麗與一統中國的宋朝密切交流，站在契丹的立場，

當然覺得這不是件好事。

結果契丹隨即發兵攻打高麗，一邊叫囂割讓土地，並要求投降。高麗朝廷召開會議，大臣們都主張談和，儘快奉上北邊的土地了事。因為他們覺得比起戰爭，少一點土地不算什麼。

這時，高麗有名的外交官徐熙站出來舌戰群雄。他說：「如果按照契丹所想割讓土地，後代子孫會如何評價我們？打都不打就談割讓，真是令人感到羞恥。」

我想，徐熙應該非常了解歷史，因為他會思考歷史紀錄下的樣貌做決定。而思量歷史紀錄對我們來說，都是必須的。

由於徐熙覺得不能就這樣白白把土地給對方，因此他決定親自遠赴前線面見契丹將領蕭恆德[4]，並展開交涉。

蕭恆德主張既然高麗繼承新羅，因此新羅領土外的都應該是契丹的地盤。徐熙反駁道：「我們國家的名字是高麗，一如其名是繼承高句麗。如果照您說的，貴國現在腳下踩的都是以前高句麗的領土，還請您歸還給我們。」

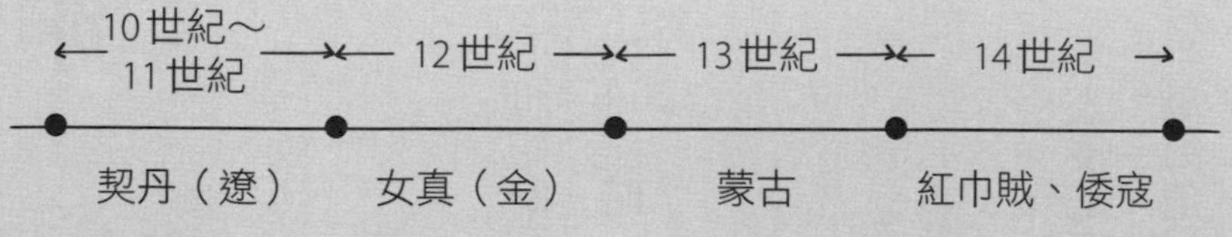

▲ 外族勢力入侵高麗

雙方一陣言語交鋒後，徐熙發覺契丹似乎並不想打仗。既然已經率大軍打進來，就應該長驅直入，為什麼停在中間持續叫囂，可見契丹想要的並不是侵略高麗並使其投降。契丹的行為一定有其他的理由，而徐熙也看透對方的心思。

當時，契丹真正的敵人是中國的宋朝。契丹既想要攻打宋朝，卻又擔心這段時間高麗會在後方搗亂，所以打算先下手為強解決高麗。

事實上，契丹想要的不過是高麗與宋朝斷絕關係，然後跟自己建交。

徐熙接受契丹的提議，表明如果要兩國建交，就需要前往契丹，但如今女真卡在中間，因此希望契丹能幫忙驅逐女真，並把那塊土地交給高麗，這樣一來，才便於日後兩國往來，而那塊土地就是江東六州[5]。

徐熙這麼做，高麗不僅不須割讓鴨綠江的土地，更賺回江東六州，令人驚訝的是，契丹竟然會答應。

契丹的第一次入侵就這樣結束了，高麗沒有造成任何傷亡，還得到江東六州。不費吹

4 編按：遼朝官員，有膽略而善謀，並與遼聖宗的妹妹越國公主耶律延壽女結婚。

5 編按：高麗西北面的興化（現義州郡）、龍州（現龍川郡）、通州（現宣川郡）、鐵州（現鐵山郡）、龜州（現龜城市）、郭州（現郭山郡）共六州總稱，現今皆屬於朝鮮民主主義人民共和國平安北道。

灰之力擴張領土，真的非常神奇，在世界外交史上也相當少見。

契丹這麼做也沒有損失，因為他的目的就是與高麗交流。至於高麗要求的江東六州，就當作是為了達成目的的一種投資，畢竟和宋朝遼闊的土地相比，這根本不算什麼。送上小小的土地，就能無後顧之憂攻打宋朝，並獲取更廣大的領地，這點更有利。最終，高麗和契丹都獲得彼此想要的東西，可謂雙贏。

徐熙的談判為我們演示了什麼是優秀的外交官，這便是真正的外交。所謂外交，並不是只顧著自己想得到什麼，而是在對方期望的與自己想要的中間尋找平衡點。

不過，高麗與契丹的關係並非自此就相安無事。雖然契丹依約給了江東六州，但高麗卻沒有遵守約定，不斷以各種藉口推遲建交。契丹當然怒不可抑，於是在西元一〇一〇年第二次率兵攻打高麗。

這次高麗又說服了契丹，且承諾：「以後會和契丹好好交流。」當然，這次高麗也同樣說話不算話。

高麗當時的外交政策是既不證實也不否定（neither confirm nor deny，簡稱NCND），其他國家經常被氣得七竅生煙，搞不清楚高麗到底在想什麼。高麗想藉以提高自己的身價，並不因外國勢大而屈服，而是懂得善用胡蘿蔔和棍子策略（Carrot and Stick）[6]來為國家爭取利益。

不單靠外交手腕，也秀軍事肌肉

雖說高麗的外交策略確實優秀，但並不是因為軍事戰力弱，所以才需要倚靠外交來解決。這部分我們可以從西元一〇一八年契丹第三次攻打高麗時，高麗的對應方式看出。由於高麗一直不遵守約定，因此契丹決定再度打進來，並要求返還江東六州。而這次高麗是直接發動戰爭一決勝負，而非倚靠外交。

高麗名將姜邯贊在江東六州的龜州大敗契丹，據說打到契丹的十萬大軍只剩不到數千名活著回去。之後，契丹無法再對高麗有任何要求，而高麗也在邊境蓋了千里長城來防禦北方民族入侵。

透過龜州大捷也能看出，高麗並不只是單靠外交解決國家問題，雖然起初先以模糊的策略來取得最大利益，但到真正該迎戰時，仍會全力奮戰。這就是高麗時期的外交，也被

6 編按：賞罰並進的一種兩手策略。

稱為「藝術外交」。

重點整理

契丹入侵對高麗產生的影響

- 第一次：徐熙 VS 蕭恆德→獲得江東六州。
- 第三次：姜邯贊的龜州大捷。

契丹衰退，女真崛起

十二世紀時，契丹勢力消退，女真崛起。在這之前，東北亞是以宋、契丹與高麗三者為中心。女真族是靺鞨族的後裔。剛開始還相當尊敬高麗，等到逐漸勢大時，便開始侵擾高麗國境。

這時，有一位名叫尹瓘[7]的人，振臂高呼想討伐女真，但並非易事。因為靺鞨族是遊牧民族，故而女真軍隊大都是騎兵；而高麗是農耕國家，其軍隊主力是步兵。走路的步兵想要打贏騎馬的騎兵，相當困難。

尹瓘掌握上述難以獲勝的原因後，向國王建言：「我們是否也能訓練騎兵？」因此，高麗開始打造騎兵軍隊，也就是韓國史上的別武班。別武班是由騎馬的神騎軍、步行的神步軍，以及相當獨特的降魔軍部隊所組成。所謂降魔，是指降伏妖魔鬼怪，這樣聽來大家是否會覺得具有宗教色彩？沒錯，降魔軍正是由僧侶組成，這一點也充分顯現出高麗是佛教國家。

尹瓘帶領別武班擊潰女真，還獲得東北九城[8]。女真為了拿回東北九城，向高麗承諾會世代朝貢，最後高麗也同意女真的請求。這是因為東北九城的管理及防禦都相當困難，也就是說，擴張領土並不全然是好事，還需要具有掌管該地的力量才行。而當時的高麗並不具備那樣的能力，所以只好把土地還給女真。

女真雖然承諾絕不再侵略高麗，但在國家利益面前，任何約定都無效。女真越來越壯

7 編按：朝鮮高麗王朝時期名將，出生於坡平尹氏家族，透過科舉考試進入高麗軍隊。

8 編按：分別是咸州（今朝鮮咸興）、英州（今新興郡加平面東興里）、雄州（今咸興郡西退潮面城洞裡）、吉州（今洪原郡鶴泉面天雞峰山城）、福州（今新興郡朝陽面塔洞裡）、公嶮鎮（今咸興郡德山面上岱里山城）、通泰鎮（今咸興郡雲田面雲城裡）、崇寧鎮（今咸興郡川西面雲興里）、真陽鎮（今咸興郡上岐川面五老里）。

大，最後建立了金，並消滅契丹，甚至還把宋朝趕到南邊去。

這時，女真反過來要求高麗朝貢。畢竟自己已成為帝國，自然要發展新的朝貢關係，同時也表示他們不再是屈服於別武班的那個女真了！

門閥也想自立為王

女真成立金國，開始威逼高麗時，當時國內的局勢並不好，這與成宗建立國家框架，發展出穩定政治的時期大相逕庭。這些地方豪族與六頭品出身的人，經過世代位居高官之後，成為門閥。這些門閥享受各種特權，卻也逐漸趨向保守。非主流的他們建立國家，現在已然是既得利益者，當然不想再做任何改變。

之前想著要改革，但現在早已轉變成要守護自己、不被奪走所有物。歷史總是如此，改革與進取總是無法持久。最終，這世界還是會被非主流所取代，並建立新的世界。

當女真建立金，且要求高麗朝貢時，掌權者是李資謙。李資謙既是國王的岳父，也是外公。關係之所以會這麼混亂，是因為李資謙野心勃勃，他將自己的二女兒嫁給第十六代王睿宗，然後又把三女兒和四女兒嫁給第十七代王仁宗。換言之，仁宗等於是娶了自己的阿姨。李資謙的女兒非常多，他靠著不斷將女兒嫁入王室來取得權力，並手握滔天權勢。你說這樣的人會想跟金打仗嗎？當然不可能。因為打仗不免會失去自己擁有的東西，所以李資謙接受了金的朝貢要求。對他來說，維持權力才是最重要的。

這件事如果是發生在高麗初期會如何？如果徐熙在的話又會說什麼？從李資謙輕易接受金的條件，也可以看出時代精神已經改變。

之後李資謙越來越不受控制，不僅把自家叫做懿親宮，甚至還將生日定為仁壽節，所作所為幾乎已經把自己當成王。

事實上，國王也不敢違逆李資謙說的話。最後，他因想自擁成王而引發叛亂，稱為李資謙之亂。雖然並沒有成功，但這也是讓高麗社會變弱的關鍵事件。

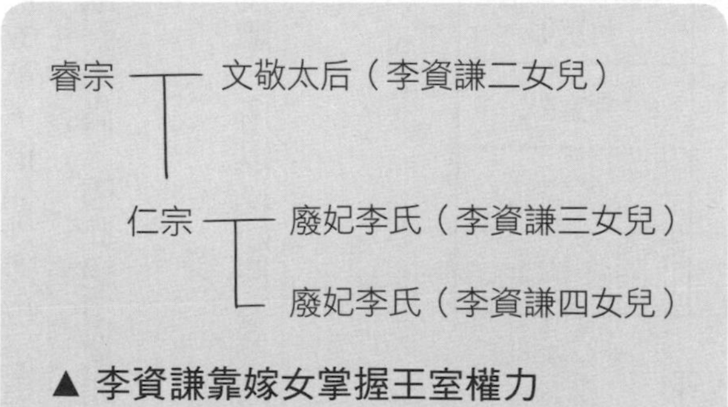

▲ 李資謙靠嫁女掌握王室權力

遷不遷都，全憑僧侶一句話

當有人站出來要自立為王時，就可以知道當時的王權有多衰弱。因此，仁宗為了恢復王權，開始重用非開京派進行改革，僧侶妙清也是這個時期被任用的西京派官員之一。西京派本來就對門閥獨斷權力感到不滿，因此絕不會錯過此次機會。

秉持繼承高句麗意志的西京派覺得金國的要求根本是天方夜譚。所以以妙清為首的官員們，以風水地理之說建議國王遷都，主張開京的氣勢已經衰退，因此必須遷都到西京。

同時，為了恢復王權，他們建議國王自稱皇帝、使用年號，更倡導對金用兵等，上述這些通稱為西京遷都運動。

仁宗本來也想聽從妙清的意見，遷都並在西京建立宮殿，但既得權力者怎麼可能乖乖放行？以金富軾為首的開京派極力反對遷都。因著有《三國史記》而聞名的金富軾，正是當時門閥勢力的核心人物。

最終，仁宗只好放棄遷都。由於遷都西京一事受挫，西京派們就此引發叛亂，金富軾帶兵鎮壓，西京

派系	西京派	開京派
人物	妙清	金富軾
信仰	佛教	儒學
政策	伐金	向金朝貢

▲ 西京派與開京派比較表

派兵敗。

讀歷史時，常能見到失敗的改革例子，但難道這就沒有意義嗎？我覺得並非如此。如果失敗者的主張與指標性符合歷史走向，那麼總有一天會實現。我相信，就算當下不行，也能成為引領新朝代的動力。不須因失敗感到挫折，或是因害怕失敗而裹足不前。

西京遷都運動失敗後，門閥勢力更加擴張，而高麗社會上的矛盾也不斷激增。李資謙之亂與西京遷都運動都讓我們看到，門閥勢力已經高到極限，只不過他們還沒注意到這一點，門閥走向末路已是可預見的了。

03 蒙古侵略，高麗由盛轉衰

在高麗，就算同為官吏，武臣的地位遠低於文臣，軍隊指揮權也落在文官身上而非武官。前面提到的徐熙、姜邯贊與尹瓘等人，都是文臣。

這情況在門閥掌權後越演越烈，下級武官得不到應有待遇，之前累積的不滿開始爆發。有一則軼事可以用來說明當時的文官有多輕蔑武官。在朝臣宴會中，有一位叫金敦中的文臣，竟然用蠟燭燒了武臣鄭仲夫的鬍子，這不僅是開個小玩笑這麼簡單，因為高麗時代相當重視鬍子。

尤其鄭仲夫是以鬍鬚聞名的美髯公[9]，並且當時已經是管理國王禁衛的將軍，而金敦中不過是一名剛入官場的新人。火大的鄭仲夫便對金敦中揮拳相向。

金敦中是當時的掌權者金富軾的兒子，因為靠山強大、年輕氣盛，所以才會發生這樣的事。鄭仲夫怒不可抑向仁宗訴苦，並要求主持公道，但是仁宗管不了。仁宗雖然貴為國王，也不敢隨意教訓金富軾的兒子。

然而，去找仁宗的並不只有鄭仲夫，還有金富軾。金富軾不僅沒有反思自己兒子的惡行，反而要求國王嚴懲鄭仲夫。因為這件事，鄭仲夫在心裡記了金敦中一筆，而一起參加宴會並目睹經過的其他武官，也對此感到相當憤怒。

仁宗之後繼位的是第十八代王毅宗，他的行徑無異是火上加油。他每天舉辦宴會，召文臣們一起宴飲遊樂，而武臣們因此得日夜護衛他們的安全。武官們越來越不滿，瀕臨爆發邊緣。

西元一一七〇年八月，毅宗在邀約臣子去普賢院喝酒玩樂的途中，突然停下轎子，要求武臣們徒手格鬥。這是用全身攻擊及防禦的一種武術比試，也可以說是一種格鬥技。

武將們就像動物園的猴子一樣，在國王和文官的面前比武。其中，較年長的李紹膺將軍也參與了格鬥。李紹膺是從三品的大將軍，相當受到武臣們尊崇，不過因為他已經超過六十歲高齡，所以在比試中有點力不從心。和年輕武官比武後，精疲力盡的他宣布棄權。

9 編按：根據《高麗史》記載，鄭仲夫本貫海州，身材高大，美鬚髯，令人望之生畏。

這時一位文臣韓賴，卻高喊李紹膺沒有好好比武，便賞了他一巴掌，李紹膺也因此被打了一個踉蹌跌倒。

韓賴不過是區區年輕人，竟然敢隨意對待比自己年長、階級又比自己高的武臣。武將們更加火冒三丈，從這個事件可以徹底了解到，高麗時代文官、武官的地位差異。

那天晚上，以鄭仲夫為首的武臣們高喊：「殺光戴官帽的，一個也不留！」將文官們全部殺死。此事因為是武臣們引發的政變，所以稱為武臣政變。包含韓賴、金敦中在內，無數文臣被殺害，國王也被逐出王宮。

後來，他們扶植毅宗的弟弟明宗為傀儡王。門閥時代落幕，高麗也變成武臣天下。

有力量、有願景，人人都能成為新時代的王

如同前面說過的，歷史是新舊勢力不斷更替並往前推移。不過，開創新時代需要具備兩種德目，一是力量，二是願景。光靠力量無法長久，因為有力量的人會不斷透過爭鬥搞垮彼此。反之，光有願景卻沒有力量也是不行的，所以兩者必須同時兼備。

從統一新羅後期，跨越後三國時代，一直到高麗為止，豪族們各有偏好的思想，其中

之一就是禪宗。禪宗為佛教的一支宗派，重視參禪修行，不管是誰，都能透過自己修行並頓悟成佛，這是禪宗的口號，也是打破骨品制的思想。

由骨品制所支配的社會，不可能會有「任何人／不管是誰」的概念。不只是王，包含出仕與升遷，都在出生時就已被決定好了，而這裡面有著嚴格的階級劃分。宗教也一樣，貴族們支持教宗，教宗重視經典與教理。佛教中關於解釋與研究佛祖教導的內容是相當具有學術性的，因此無法學習這些教義的人，很難貼近佛教。

但禪宗不同，「人人都能成佛」的概念，馬上能讓人聯想到「人人都能當王」。以現代社會而言，就只是自由與平等，然而在被骨品制掌控的社會中，禪宗的思想其實含有使人類的自由意志掙脫束縛的願景。

引發政變的武臣們就是缺乏這樣的願景。因為是以武力奪得政權，所以就此展開相互傾軋的鬥爭。野心、背叛、血流成河，武臣政權初期掌權者經常變動。最後，崔忠獻掌握政權，並結束武臣時代的權力鬥爭，也開啟約六十年的崔氏掌權期。

崔忠獻創立最高權力機關「教定都監」來穩定其勢力，其兒子崔瑀設置「書房」，招攬文官。因為不管怎樣，還是需要文臣幫忙處理國家政事。

書房是一種國政諮詢機構，文臣們聚集在此議論並研討政務。由此來看，崔氏也試圖以自己的方式來構築願景，但可惜的是，他們還來不及解決這個問題，就發生了更為急迫的事——蒙古入侵高麗。

百姓原地抗蒙，高官卻退避江華島

十三世紀的蒙古軍，可說是打遍天下無敵手。蒙古統一許多部族，且以極快的速度發展勢力。引領他們的成吉思汗，建立大帝國，最終成為單一民族國家，並擁有人類歷史上最大的領土面積，蒙古軍的鐵蹄也橫跨過歐亞大陸相當多的地方，包含東亞、西亞，並一路向歐洲而去。

對歐洲人來說，蒙古軍是恐怖的代名詞。因為蒙古的騎兵毫無悲憫可言：「投降就能活，不投降就得死！」這就是蒙古風格。蒙古軍所經之處，寸草不生。

本來一路西進的蒙古不知為何突然掉頭，把苗頭對準東邊的高麗。大家不妨想想看，就連聽到名字都讓人發抖的世界最強軍隊，決定要攻打韓半島，這有多令人害怕啊！因為和蒙古帝國相比，高麗真的是一個小到不能再小的國家。一想到排山倒海的蒙古大軍前來的畫面，簡直不敢想像當時的高麗人民會有多麼恐懼。

是投降，還是迎戰？當時高麗的掌權者崔瑀決定要抗戰，因此**將首都遷到江華島**，並與蒙古決一死戰。這是**因為考慮到蒙古軍是遊牧民族，對於海戰相對不熟悉**，而江華島與陸地之間水流湍急，如果戰敗可以很快退避江華島拖延戰事。

韓民族大概體內有這樣的抗戰基因，不然怎麼可能會不害怕蒙古大軍。不過，在此之前也發生過類似的事件。

不論是隋朝或是唐朝打來時，韓國的先祖們雖然同樣感到無比恐懼，卻也都選擇戰鬥，並獲得最終勝利，而這樣的歷史經驗也會不斷延續。我想，不論是現在或是未來，這樣歷史的戰鬥基因是一定要繼續傳承下去。

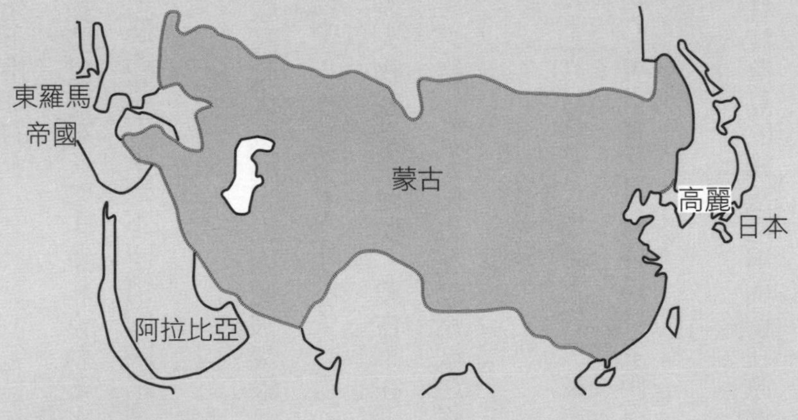

▲ 蒙古最大版圖

令人驚訝的是，蒙古對高麗的應對感到不知所措。蒙古評價高麗說：「以前從沒遇到過這樣的國家。」蒙古征伐過很多國家，卻沒有一個死不投降的。

然而，這方法也有缺點。蒙古之前說過，如果不投降就得死，蒙古軍相當執著，一定要追擊到底、分出勝負，但由於高麗軍逃到島上，憤怒的蒙古軍毫不留情的踐踏高麗國土，將舉目所及全部放一把火燒掉。

高麗在契丹入侵時，為了安撫民心所做的《初雕版高麗大藏經》也因此被焚毀，高約三十層樓的皇龍寺九層木塔[10]也化為灰燼。而在這過程中，又有多少人死去？

高麗百姓自發性加入戰鬥，其中與蒙古對抗的代表人物就是金允侯。蒙古軍在進攻處仁城時，將領中箭而亡，這對高麗來說是空前大勝利，之後，金允侯也在忠州城之戰中，引領奴婢對抗蒙古，並取得勝利。

透過忠州城之戰可以了解到，被社會差別對待的下等百姓們，也努力對抗蒙古的侵略。他們是為了國家而戰嗎？我不太清楚所謂的愛國心是否會在這種時候發生作用，我想，高麗的百姓們或許是為了守護自己的家園而戰。

因此，我認為，高麗對抗蒙古的戰鬥，應該將逃往江華島的統治階層與留在原地的百姓分開來看。同時我也覺得，要將這兩股作戰勢力結合相當困難。我們應該記住的是，不論是統治階層或是百姓，都曾經奮力抵擋蒙古入侵。

重點整理

高麗的抵抗

- 統治階層：遷都江華島→準備長期抗戰。
- 百姓：在原地戰鬥→處仁城之戰、忠州城之戰。

隨著戰線不斷拉長，高麗人也越顯疲憊，而**人到絕境時，往往會將精神寄託在宗教上，也就是在這時製作《八萬大藏經》**，這是江華島上的人們耗時十五年，**將佛祖的教誨一個字一個字刻在八萬多片的木板上。**

《八萬大藏經》中蘊含高麗人期望經由佛祖的力量，將蒙古人驅趕出去的迫切希望。

10 編按：皇龍寺是原新羅在韓國慶州修建的一座護國佛寺。該佛寺在一二三八年蒙古入侵高麗時，被蒙古人燒毀。從其遺蹟推斷該寺為韓國歷史上規模最大的佛寺，其遺址已被列為韓國指定史蹟第六號。

大家都將此視為崇高的信念，也就是愛國心與佛心。

不過回頭想想，要在蒙古大軍肆虐國家的情況下雕刻這些木板，真是不容易，而這應該也是在束手無策之下不得已的做法。

最終，高麗內部也出現應該跟蒙古和談的聲浪，這意味著高麗再也支撐不下去。

04 助忽必烈登基，從此成為駙馬國

從西元一二三一年到一二五九年，蒙古多次出兵攻打高麗。這段期間，高麗全境都因蒙古侵略而處處斷垣殘壁。當時的掌權者崔氏主張抗戰到底，但第二十三代王高宗則想要和談，幸運的是，蒙古的談和條件也越來越寬鬆，起初要求要國王親自投降，現在只要太子代表投降即可。於是，高宗派出自己的長子帶領使節團前去元朝朝貢。

不過這時又發生另一件事，蒙古皇帝蒙哥汗因病去世，皇位空懸，有利的繼位者有兩位，分別是蒙哥汗的弟弟忽必烈與幼子阿里不哥。

高麗太子開始煩惱，就算投降，也要盡可能找最好的，但到底該去找誰協商才好，萬一那個人最後沒有成為蒙古皇帝，後果不堪設想，這畢竟事關高麗往後的命運。

此時，高麗再度使出他們的藝術外交大絕招，太子決定去找相對勢弱的忽必烈。忽必

烈喜出望外，他認為高麗繼承高句麗，且是連唐太宗都無法使其屈服的國家。現在高麗的太子來了，忽必烈大表歡迎，並直呼「這是天意！」甚至還不斷稱讚高麗。

忽必烈自然很高興見到高麗太子，因為蒙古花了十多年都沒能讓高麗投降，而現在高麗太子自己找上門，這不正給自己名正言順的理由，代表自己是天命所歸的下任皇帝，高麗也才得以用極為有利的條件與蒙古和談。

高麗太子對忽必烈要求的條件如下：維持並認可高麗現有風俗、不敦促遷都開京、蒙古軍撤離高麗、召回留在高麗的蒙古官吏、派遣使臣到蒙古朝廷、遣回戰爭中降於蒙古的高麗人等。

忽必烈除了最後一條，其他全部答應，並承諾雖然現在不會將之前自主投降的高麗人送回，不過之後也不會再接納高麗人進入蒙古居住。在協議的過程中，高宗因年邁過世，所以忽必烈冊封太子為王，讓他回到高麗，成為第二十四代王元宗。

元宗從忽必烈手中爭取到的最關鍵約定是高麗獨立，也就是說，即使屈於蒙古，但依然維持高麗的國號與既有風俗。在所有被蒙古侵略的國家中，這是前所未見的。最後，忽必烈成為皇帝，元宗的選擇可謂相當卓越。

高麗變成元朝的駙馬國

忽必烈建立元朝後，滅了南宋，統一中國。而高麗既然已經投降，自然要遵守元朝的世界秩序。元宗讓自己的兒子忠烈王娶了忽必烈的么女齊國大長公主[11]，從此，**高麗變成元朝的駙馬國。**

之後，高麗國王都會迎娶元朝公主為正妻，由於身為女婿國，因此高麗在元朝皇室中也相當具有聲量。

蒙古有所謂的忽里勒台大會，簡言之就是商討政策的會議，重要的事情都會在這裡決策，只有關鍵人物才能參加。隨著時間流逝，元朝也經歷幾次王位更迭。不懂元朝初期歷史的後代們都會很訝異，並覺得：「高麗國王算什麼？為什麼

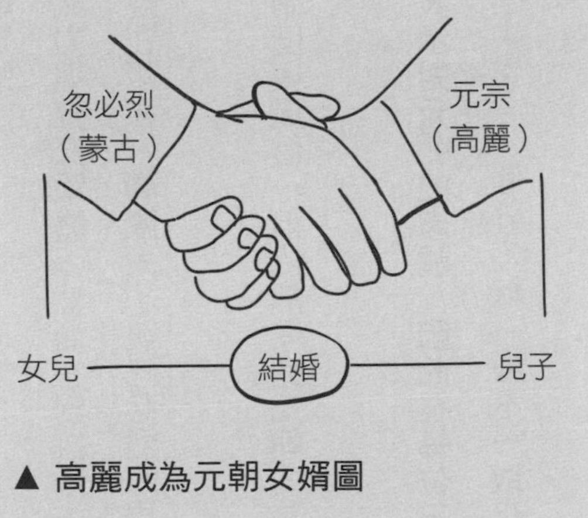

▲ 高麗成為元朝女婿圖

11 編按：又稱莊穆王后。

可以出現在這裡？」每當這種時候，高麗就會說：「這是我們跟世祖立下的約定。」元朝人只能乖乖閉嘴，畢竟是元世祖所訂下的規定，後人豈敢置喙。

之前曾說過，高麗在對抗契丹時，使用軟硬兼施的武力與外交策略，然而在對抗蒙古時，僅靠著優異的外交策略，就能維持住國家的名號。現在想來，高麗太子與忽必烈的見面，真是充滿戲劇性啊！

雖說高麗因為成為元朝的駙馬國，得以維持原本的制度與風俗，但依然受到元朝的諸多干涉。

首先，從高麗國王的稱呼便能看出有所不同。**為了表示對元朝的忠誠，因此在每位王的名稱面前加上「忠」字**，像是忠烈王、忠宣王、忠肅王……。此外，**以「殿下」取代「陛下」，以「世子」取代「太子」，所有稱呼自動降一階**。

元朝對高麗的影響不只在政治上，還有文化方面。最具代表的文化遺產就是開城的敬天寺址的十層石塔[12]。這座石塔不同於一般高麗的塔，相當獨樹一格。首先，**韓國沒有偶數層的塔**，都是三層、七層、九層等，十層石塔充滿異國風情。再來，所用材質也不同，韓國一般用的是花崗岩，因為韓半島盛產花崗岩，但敬天寺十層石塔是以大理石建造的，由此可知是受到元朝的影響。

敬天寺的十層石塔現在被保存在韓國國立中央博物館內，因為大理石質地較脆且易碎，也不能淋雨，尤其是淋到酸性雨會融化，有傾倒的風險，所以才存放在室內。

如果大家去塔谷公園，可以看到以前首爾圓覺寺址上的十層石塔，這塔是朝鮮初期所造，外型與敬天寺的十層石塔十分相似，推測應該是受其影響。因為圓覺寺址的十層石塔也是以大理石建造。目前為了保存該塔，在外面蓋了玻璃罩。

除了文化，高麗在其他方面也受到元朝很大影響，有人開始編髮或著胡服等，說白一點就是流行蒙古的風格。在此時期，最令人心痛的就是元朝要求進獻貢女。所謂貢女，指的是被當作貢品獻上的女子。

高麗時代，女子在家中的地位很高。例如，要分配遺產時，兒子和女兒具有相同的繼承權，所以女兒也可以祭拜父母。這一點相當值得與現代社會做比較，因為到現在還是有不少人認為祭祀只有兒子能做，甚至有女兒無法擔任喪主的事例。

但在高麗，這種事並沒有分男女，由此也能看出高麗人有多麼愛女兒。因此大家不妨

12 編按：韓國國寶第八十六號。這座石塔建於高麗忠穆王四年（西元一三四八年）。由三個部分組成的石塔，塔座上雕刻有獅子及《西遊記》中的場面和羅漢等圖案，塔身雕刻有木質建築上常見的欄杆、斗拱和屋脊，石塔四周皆雕刻有許多佛像與菩薩像。

想想，現在寶貝女兒要被送去外國，多令人難過啊！當時高麗人為了不讓女兒去當貢女，很多人早早就將女兒嫁人，也可以說是間接改變了風俗。

據說被送去元朝當貢女的高麗女子，大都會在元朝的貴族家裡做雜役，當然也有極少數人過著富裕的生活，其中**最有名的人就是奇皇后**。奇皇后原先是蒙古皇室的宮女，後來被冊封為皇后。奇皇后靠的不僅是皇帝的寵愛，她自己也培植勢力，**在元朝的歷史中留下濃厚的一筆**。

從某個角度來看，在蒙古的高麗人地位比想像中高得多。不論是身為皇帝女婿的高麗國王，每次都能參加忽里勒台大會，或是奇皇后掌權等，都能看出端倪。

肅清親元勢力，不怕得罪奇皇后

雖然百姓們因為要對元朝進獻各種物產，甚至是女兒，過得苦不堪言，然而也有人利用這種時機，開始壯大自身勢力，他們就是權門勢族。雖然其中不乏有原本就出身高的人，但他們精通蒙古語可擔任譯官，或是跟國王一起在元朝生活而取得權勢。

權門勢族透過不斷對元朝阿諛諂媚而橫行無阻，甚至為了自身權力，將女兒嫁給元朝的王室或貴族。不管什麼時代都一樣，一定都會有這種想要趁著社會混亂出頭的人。

歷史沒有永遠的強者。再怎麼強大的國家也沒辦法一直維持興盛。十四世紀中，曾經意氣風發的元朝也開始走向衰退。

這時，有人利用元朝勢弱無力顧及其他，趁機脫離元朝，那就是恭愍王。我們也能從他的名字發現不同之處，所有的高麗國王前面都有個「忠」字，但恭愍王沒有，他一繼位就開始推行反元政策。

第一是找回失土，恭愍王派兵攻擊雙城總管府[13]，雙城總管府是元朝為了統治鐵嶺以北的領土所設。恭愍王的行為無疑是向元朝宣戰，同時他還肅清親元勢力，也就是奇皇后的哥哥奇轍。恭愍王像是籌謀許久，向兩邊發動攻勢。

奇轍因為奇皇后在元朝很吃得開，所以把妹妹當靠山的他極為專橫。除掉奇轍也無異也是向元朝示威，因為奇皇后是元朝皇帝的夫人，但恭愍王一點都不在乎。

恭愍王持續他的改革之路，廢除征東行省，嚴禁編髮和穿著胡服等蒙古風氣，還設置

13 編按：一二五八年蒙哥汗入侵高麗後，建立在高麗東北部地區（今朝鮮咸鏡南道金野郡）的行政機構，隸屬於元朝遼陽行省的開元路，由歸降蒙古的高麗人世襲管領。一三五六年，恭愍王派柳仁雨收復雙城總管府。

田民辨整都監。田民辨整都監就是將權門勢族侵占的土地歸還給原本的主人，讓被迫成奴的百姓回歸良民身分的機構。

如果奴婢變回良民，須繳納稅金的人口就會增加，這跟高麗初期光宗實行的奴婢按檢法具有相同的效果，不僅可以增加國家財政，還能強化王權。

重點整理

恭愍王的反元政策

- 廢止征東行省，收復失土。
- 設置田民辨整都監，牽制權門世族。
- 禁蒙古風。

不過，改革並非易事，最大阻力就是權門勢族。禍不單行的是北邊有紅巾賊動亂，南邊有倭寇入侵。最終，恭愍王被臣子所殺，革新被迫中斷，所幸改革並沒有因此熄滅。

恭愍王大舉任用許多新進士大夫，之後成為能推翻權門勢族的勢力，而這些新進士大夫們後來也成立新的國家——朝鮮，變成引領新時代的主流。

威化島回軍事件，高麗滅亡

當高麗因紅巾賊和倭寇侵擾而風雨飄搖時，出現了兩位英雄人物，分別是崔瑩和李成桂。崔瑩和李成桂是擊退入侵賊人的英雄，他們受到百姓的尊崇，是當時快速成長的新興武臣勢力代表人物。

崔瑩將軍曾說過一句很有名的話：「黃金寶物於我如糞土！」從這句話也能窺見他保守且具有原則的個性。崔瑩是真正的軍人，也是那種「君要臣死，臣不得不死」的人，具備強烈守護國家的意志。

李成桂非常擅長射箭，被稱為神射手，只要他出戰，一定百戰百勝。李成桂和崔瑩雖然曾經相互尊重、彼此信任，但終究道不同不相為謀。李成桂與新進士大夫鄭道傳見面後，其想法產生了轉變。

當時中國正處在元明交替之際，權門勢族主張繼續跟元交好，但鄭道傳一派的新進士大夫則認為，要與明結交。恭愍王之後繼位的禑王，最後將鄭道傳流放。鄭道傳結束流放生活後，一直無法官復原職的他，便去找李成桂。當鄭道傳看到李成桂的軍隊後，說：「如果是這批軍隊的話，做什麼都能成功。」當時，李成桂對這句聽起來充滿危險、具暗示性的話不置可否。

因為恭愍王的改革政策，新進士大夫逐漸發展出新的政治勢力：接受性理學[14]成為新時代的願景。性理學是研究人類心性與宇宙原理的學問，簡言之，就是學習成為君子之道的學問，也是透過不斷省察自身來做決定的哲學性學問。認為不正義、腐敗與不合理等都是不對的，這並非君子之路。

鄭道傳是新進士大夫中的激進派，秉持著「如果這世界不接受我，我就改變世界」的想法，也就是說，他想建立體制健全的國家。因此，他說李成桂的軍隊做什麼都能行的意思不言而喻，李成桂也由於聽懂了對方的暗示，才不好回應。

當然，所有的事都會隨時間改變。重視道德的人也可能產生貪念，改革的想法也有可能變成獨斷的想法。雖然以現在的我們來看，性理學相當保守，但它在當代的確是改革的好理論，因為性理學是明白揭示新世界願景的學問。

鄭道傳和李成桂兩人的相見，最終成為新進士大夫與新興武臣勢力聯手的契機。

然而，此時發生了一件關鍵事件，使李成桂感到相當苦惱。畢竟，高麗也是自己費盡千辛萬苦守護的國家，哪怕它苟延殘喘、快要爛掉，要下定決心推翻它絕非易事。結果，避無可避的抉擇瞬間終於到來。

明朝取代元朝後，開始對高麗提出嚴苛的條件，要求歸還恭愍王時期收復的鐵嶺以北的土地。明朝的言下之意是，那本來就是元朝的土地，現在該還給我們了。崔瑩不只極力反對，同時還主張先下手為強攻打明朝，並稱這是奪回高句麗土地的好機會。禑王聽了崔瑩的話，命令李成桂出兵遼東。

不過，李成桂也提出四不可論，反對出征。**四不可論是指：「以小國攻打大國，不可。夏季頂著炎熱出兵，不可。舉國出征，倭寇會趁虛而入，不可。梅雨季節弓弩易脫膠，士兵易生傳染病，不可。」**但禑王最終

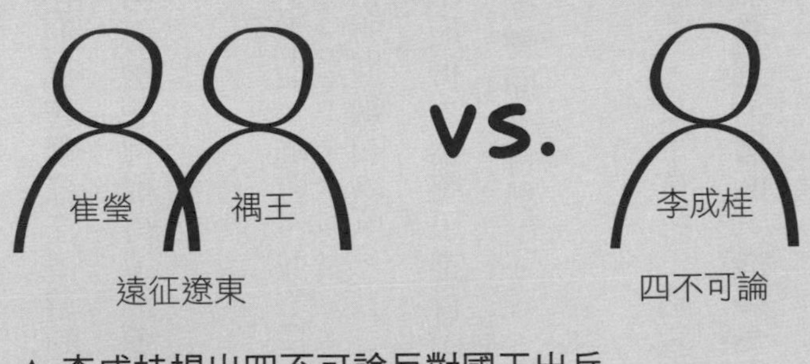

▲ 李成桂提出四不可論反對國王出兵

14 編按：又稱程朱理學，是宋朝理學的一派，與心學相對。認為理是宇宙萬物的起源，透過推究事物的道理（格物），可達到認識真理的目的（致知）。

還是堅持派李成桂出征。

軍人應該無條件服從命令，所以李成桂的確也率兵出發。在他抵達鴨綠江下游的威化島時，最終選擇調頭，不是進軍，而是回軍。這是因為李成桂再怎麼想都覺得遠征遼東不可行，而這事件也被稱為「威化島回軍」。

李成桂違反國王的命令，不是成為叛軍，就是變成革命軍。然而，高麗也並不是在威化島回軍後便滅亡，李成桂在掌握實權後，開始推行之前恭愍王所推動的改革。

高麗末期，權門勢族擁有非常多土地，而且大部分都是非法取得。恭愍王推行田民辨整都監也是為了讓土地所有權變正常，只不過成效不彰。李成桂轉而推行科田法[15]，沒收權門勢族的土地，畫下革命的終止符。

如果說革命第一階段是威化島回軍，那麼第二階段就是科田法。接下來第三階段則是建立新國家。李成桂因威化島回軍取得政治權力，且以科田法加強經濟層面，最後一鼓作氣建立新國家朝鮮，並登基為王。

15 編按：科田法規定土地國有，分配給文班與武班，但不許買賣，以收穫的十分之一作為稅收，兩班可持有土地至死，但子嗣不得繼承，除寡婦不再婚，或有孤兒則可繼承作為恤養。

第 4 章

朝鮮時代，
韓劇、韓影最愛拍

01 宰相治國，國家長治久安

李成桂雖然掌握了實權，但軍人出身的他，在建立新國家時，非常需要一起建構新國家藍圖的智囊，因此他所信任的人就是鄭道傳與鄭夢周。這兩人都是秉持要改變高麗意念的新進士大夫，不過他們對於如何改，卻持有不同看法。

鄭道傳主張推翻高麗，直接建立新的王朝，一切從頭開始；而鄭夢周是研讀性理學的學者，認為鄭道傳所言不妥。因為臣子罷免國王，並改朝換代是不被認可的，所以鄭夢周堅持維持高麗王朝體制，並大動作推行改革。

因兩人看法分歧，故而改革方向也分成以鄭道傳為首的激進改革派，以及以鄭夢周為中心的穩健改革派。

在激進改革派和穩健改革派鬥得你死我活之時，李成桂的威化島回軍無疑是宣告他傾向激進改革派。鄭夢周無意間發現掌權的李成桂和鄭道傳想要改朝換代，開始抵抗兩人，並且為了遏止他們的行動，拚命努力壯大自己的權勢。

鄭夢周非常了解李成桂，他認為李成桂不是會隨意興兵奪權的人。李成桂想要的是為人稱道的政權轉移過程，也就是說，他雖然想建立新國家，但不希望發生政變，拒絕以武力搶奪王位，想要讓大家推舉自身為王，然後他在盛情難卻之下卻之不恭。因此，鄭夢周依照李成桂的性格擬定計畫。

高麗第三十四代王恭讓王雖然畏懼李成桂，卻也站在鄭夢周這邊，即便他是李成桂推舉上來的傀儡王，但畢竟也是王室出身，當然希望阻止高麗王朝的覆滅，所以鄭夢周就打

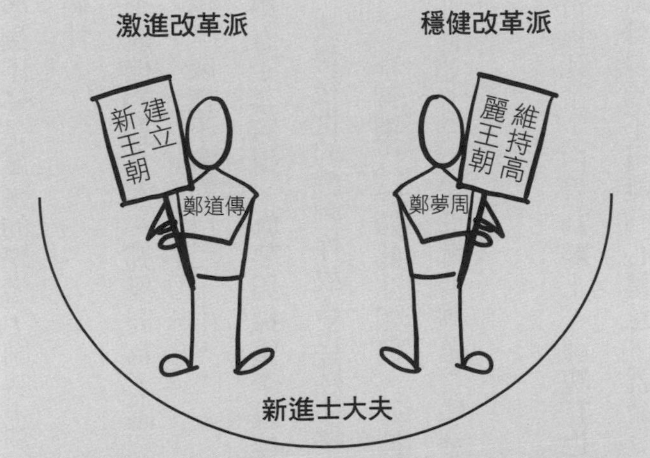

▲ 改革分成以鄭道傳為首的激進派，與鄭夢周為主的穩健派

著恭讓王的旗子，並利用李成桂身為人臣的這一點，向其施壓。

剛好那時李成桂因墜馬受傷無法動彈，恭讓王和鄭夢周當然不會錯過這個機會，下定決心要將其勢力一網打盡，他們先是彈劾李成桂周邊的人，並開始慢慢清算相關人等。恭讓王的勢力加上鄭夢周的策略，產生事半功倍的效果。

其實鄭夢周和李成桂之前一直很親密，鄭夢周不僅是厲害的學者，同時也曾和李成桂一同出征，因此他才能這麼精準掌握李成桂的個性。

只不過鄭夢周為了守護高麗，不得不站在李成桂的對立面。鄭夢周為了確認李成桂的傷勢前去探病，這無異於深入敵營，不過他相信李成桂不會對自己下手。

但鄭夢周忽略了一個變數，就是李成桂的第五子李芳遠。鄭夢周探望李成桂後，在返家路上遇見李芳遠。他們各自用時調[1]來表述，流傳後世的戲劇性故事也就此誕生。

這兩首時調分別是〈何如歌〉與〈丹心歌〉。李芳遠以「如此亦如何，如彼亦如何，城隍堂後苑，頹圮亦何如，吾輩若此為，不死亦何如？」[2]來問鄭夢周是否願意一起建立新國家。

而鄭夢周則回答：「此身死了死了，一百番更死了，白骨為塵土，魂魄有也無，向主一片丹心，寧有改理也歟。」[3]因此李芳遠判斷鄭夢周不可能回心轉意，就命令部下殺死鄭夢周。

李成桂得知兒子殺了鄭夢周後，大為光火，因為他認為李芳遠根本沒有考慮身為父親的他，就算要殺也應該要悄無聲息的殺掉。但李芳遠並不這樣想，他想讓全天下人都知道自己殺了鄭夢周。鄭夢周的確是令人頭痛的人物，李成桂內心一定也隱隱希望有人能殺了他，但絕對不是這種方式。

李芳遠也因為這件事，受到激進改革派的新進士大夫的關注。李成桂的心情是越來越糟，因為受矚目的是自己的兒子，而他卻變成在背後操縱的人。可想而知他有多生氣，大概心裡會想：「這渾小子到底為什麼惹出這種事？」

李成桂的原先計畫因李芳遠產生變數，而鄭夢周只顧盯著李成桂，沒想到被李芳遠反將一軍。不過，這並不是李成桂所樂見的，他只覺得自己好好的一鍋粥被毀了，從這時起，李芳遠就成為李成桂的壓力來源。

1 編按：又稱長短歌，是朝鮮文學史上具民族代表性，且存在時間最長的詩歌形式。
2 編按：這樣做又如何？那樣做又如何？城隍堂的後牆，衰敗了又如何？我們一族若如此，你不死又如何？
3 編按：我的身死而又死，一百次得治又死。白骨變為塵土，我的心魂似有又無。向我主一片丹心，怎麼能夠把他忘卻。

不管怎麼說，鄭夢周死後，再也沒人能阻止高麗滅亡。臣子們一直要李成桂接下玉璽登基，但他緊閉大門、置之不理。最後，朝臣們破門而入，李成桂才在大家的懇求聲中，勉為其難的接下玉璽，並為朝鮮的第一代王，朝鮮的歷史也就此展開。

首爾四大門的命名由來

朝鮮於西元一三九二年建國，首都剛開始設在開京，而非漢陽。這是因為首都對一個國家極具意義，不能隨意搬遷，所以需要在原本高麗首都開京上做一些準備。在開京兩年後，李成桂才決定搬遷到新首都漢陽。

負責規畫、建立新國家首都的人正是鄭道傳。鄭道傳攤開漢陽地圖，開始在腦中構築畫面，他在上面畫線成路，落點為門。當時他籌劃的道路和城門，到現在為止一直都還有在使用。位於首爾的鍾路大路與四大門就是他設計而成的作品。

鄭道傳一心想建立儒教國家。所以**四大門的命名也是取自儒家最重視的「仁義禮智」。在東邊的門上加入「仁」，成為興仁之門；西邊的門加上「義」，為敦義門；南邊的門放上「禮」，是為崇禮門，只有北邊例外。**

因為鄭道傳認為，智慧不是外顯的，因此以「清」來取代「智」，稱為肅清門，後又改成清淨之意的「靖」，為肅靖門。那麼，儒家最重視的「信」又在何處？這是鄭道傳之後才規畫的，就是每年跨年夜時，敲擊除夜鐘的普信閣，而普信閣位在四大門的正中間。

將朝鮮的第一皇宮命名為景福宮的亦是鄭道傳。「景福」意指享受大的福氣。位於景福宮中心的勤政殿，表示要勤於政事。這是將君王應該勤政愛民的儒家思想，體現在象徵朝鮮王室的建築物中。

從這裡大家應該能一眼看出，鄭道傳期許的朝鮮是什麼樣的國家。就像統一新羅時期建造佛國寺，希望呈現出有佛祖庇佑的國度一般，鄭道傳為了創造儒教國家，費盡心思設計這樣的漢陽

▲ 以儒家「仁義禮智」命名的首爾四大門

風貌，可以說是乘載著他的夢想。

雖然鄭道傳是李成桂的智囊，並為其籌劃朝鮮，但他心目中的理想並不是以國王為中心，而是以宰相為首的政治理念。國王可能是聰明的，也可能是蠢笨的，但不能因為他不聰慧便隨意換掉，而輔佐的宰相卻不同，只要能力不足，想換就換，如此一來，可以確保任用卓越人才。

鄭道傳相信，**就算國王能力稍微不足，只要有厲害的宰相，一樣可以確保國家正常運作。**對鄭道傳而言，最理想的社會就是以宰相為中心的政治社會，而李成桂也同意這樣的想法，兩人可說是志氣相投。

這與高麗時代那些空有武力，並靠政變掌權的武官們不同，李成桂和鄭道傳不僅擁有武力，也有想實現的願景。**高麗武臣政權僅維持一百多年，而朝鮮卻能維持五百多年，其差異就在這裡。**鄭道傳在李成桂威化島回軍之前，便已經開始構想新的世界。而鄭道傳規畫的不僅是漢陽，更是整個朝鮮王朝。

為了實行宰相政治，鄭道傳編纂了《朝鮮經國典》，這是一本從揭示朝鮮建國理念與政治、經濟、社會、文化等的書，他打算從當時的專制國家體系中，構築一個能牽制行政權力的體系。然而，鄭道傳並沒有實現他的夢想。

朝鮮是國王的，不是宰相的

朝鮮建國之時，李成桂已經年屆六十，因此當務之急是決定繼任者。李成桂有八名兒子，但他撇開和他一起打天下的兒子們，決意冊封年僅十歲的老么為世子。

由於日後要推行宰相政治，而李成桂的其他兒子看起來都非常不簡單，所以鄭道傳也大力支持這個決定。尤其是李芳遠，被鄭道傳視為最大阻礙，因為他一看就不會乖乖遵行宰相政治，而是會獨斷獨行的人。

因此，即使李成桂很多兒子都已成年，甚至元配生的長男應該是第一順位繼承人，但李成桂依然不管不顧的選擇小兒子。

李芳遠無法接受這個選擇，故而引發王子之亂，他認為自己對建立朝鮮有功，卻被父王厭惡，還被年幼且尚不知事的弟弟奪走世子之位，實在是孰不可忍。

李芳遠高喊：「朝鮮是國王的，不是宰相的。」藉此發難，並殺了鄭道傳，以及世子在內的兩位兄弟。

李成桂大概是看到李芳遠殺人，且快速掌握權勢，所以覺得可怕並備感衝擊。如果說，當初是李成桂指使李芳遠殺害鄭夢周，那麼他自然會傳位給李芳遠。但李成桂沒有這麼做，這就表示殺鄭夢周並不是李成桂授意。

李芳遠沒有事先跟李成桂討論，就隨意殺掉鄭夢周，大概從那時起李成桂就知道：「這傢伙想要當王，而且為了王位什麼事都做得出來。」因此，後來李成桂才會特別提防李芳遠。

第一次王子之亂的結果是李成桂退位成為聖王[4]，並從其他兒子中挑選年紀較長的李芳果繼位，即第二代王定宗。不過，定宗在位三年後，就將王位讓給李芳遠，因為他早已大權在握。

▲ 李芳遠主張國王政治並引爆王子之亂

李芳遠經歷長時間且凶險的王位爭奪過程，終於登上王位，成為第三代王太宗。

李成桂因為不想看李芳遠登基，便回到自己位於咸鏡南道咸興的老家，也能看出他對李芳遠的怨氣有多大。因為李芳遠殺了他相當尊敬的鄭夢周、得力助手鄭道傳，甚至還害自己失去兩名兒子，身為父親的他，深感不幸。

而太宗李芳遠為了讓父親消氣，並將其迎回漢陽，派出很多差使前往咸興，但都有去無回，據說，他們都被李成桂一箭射死或被監禁。自此衍生出一個名詞「咸興差使」，是指被指使去跑腿，卻一去不復返或晚回來的人。

太宗為了得到父親的認可，做了非常多努力，甚至最後還出派出和李成桂交好的僧侶無學大師[5]，最後李成桂只好返回漢陽。

但是，太宗迎回父親的過程並非一帆風順。據傳，當時李成桂大概覺得這是殺掉兒子的最後機會，因此朝太宗射了箭。李成桂是百發百中的神射手，又或許是太宗命不該絕，因為國王出行身邊都會有一些儀仗，太宗躲在儀仗後避開了箭，而且他還聽從近臣河崙[6]的意見，將儀仗的柱子都換成大的，因此才僥倖撿回一條命。

李成桂看到太宗躲過了箭，說：「看來是天意，上天選擇了你！」最終認可李芳遠為

4 編按：也就是太上王。

5 編按：高麗王朝末期至朝鮮王朝初期的一位僧侶，俗姓朴，名自超。他在李成桂篡奪高麗王位過程中扮演重要角色，之後也成為朝鮮王朝的護國禪師。李成桂決定遷都漢陽，也是詢問無學的結果。

6 編按：高麗末期和朝鮮初期的文臣、詩人、朱子學者、經世家，曾官拜領議政。

王。而太宗親迎李成桂的地方，就是位於首爾城東區的箭串橋[7]，意思是被箭射中之處。透過這件事，也讓我們了解到兩人的糾葛有多麼深。

7 編按：朝鮮時代的石橋，一九六七年被指定為第一六〇號歷史遺跡，二〇一一年升級為第一七三八號國寶。箭串橋也是清溪川和中浪川交匯流入漢江的地方，據說是當時朝鮮時代最長的橋。

02 終於有自己的曆法及文字

太宗登上心心念念的王位後，為了體現「朝鮮是國王的」，開始集中王權。他做的第一件事是廢除私兵，顧名思義，私兵是擁有權力的個人，為了處理私事而設置的兵士。太宗掌權過程中，也得力於私兵的力量。

太宗的一部分私兵來自於李成桂賜下的親衛，而他自己也培植了一些勢力，所以擁有強大武力。因此，太宗比任何人都清楚兵力對王權有多大的威脅，畢竟他自己也是利用此法奪取王位，當然希望不要重蹈覆轍，同時也是出於一種「只有我可以，但你們不行」的心態，將所有的私兵歸入朝廷。

接下來太宗表明絕不會跟宰相議事，下令實行「六曹直啟制」。如果按照之前的制度，國王需要透過宰相的和議機關議政府，才能下命令或聽取報告，但太宗不肯。換句話說，之前大小事情都需要經過領議政、左議政與右議政等宰相商討並簽署後，才能下達給實際執行的機構六曹。

整個朝鮮都是國王的，當然是王說什麼就做什麼，相反的，如果想向國王報告，也應該由官員直接上奏。簡言之，就是略過議政府，讓國王成為政治中心。

在強化王權的過程中，太宗真是滿手血腥，因為他根本不怕有人挑戰，就像殺害鄭夢周和鄭道傳，即使是當初和他一起賣命的忠臣，只要威脅到王權，就毫不猶豫的殺掉，這其中還包含自己的夫人閔氏的兄弟們，其理由也很荒唐。

根據《朝鮮王朝實錄》記載，國王在傳位給兒子時，都會上演類似的劇碼。當國王說他現在想退位讓賢時，臣子們便會向國王說：「您還正值壯年，國家需要您。」就算內心不這麼想，也不能表露出來。

但當太宗說要傳位給世子時，閔氏一族卻當場開心得笑了出來，所以太宗就殺掉他們。因為發生過這樣的事，因此

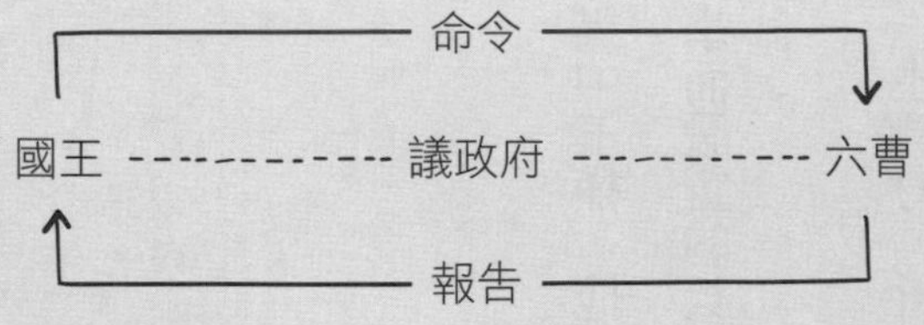

▲ 六曹直啟制

太宗每次說要退位時，大家都積極挽留，哪怕退位的「ㄊ」字都還沒出來，世子和大臣們就會連連勸說。

大家在看歷史劇時，不是常聽到臣子們一邊哀求一邊說：「殿下，萬萬不可！」這就是太宗創造出的前例。不管怎樣，也多虧太宗為了權力不顧一切，朝鮮的王權才得以穩固。不過，縱使太宗將王權鞏固得很好，還是有他無法隨心所欲做的事情。

立嫡立賢，不是王說了算

由於太宗之前無法按照長幼順序來繼位，所以這點好像成了他的罩門。雖然自己是逼不得已，但他希望之後的王都能按照長幼次序承襲，以此維持王室安穩。太宗為了讓身為嫡長子的讓寧大君繼位，付出很多努力。

但讓寧大君簡直就是太宗的翻版，不僅沉迷酒色、喜愛狩獵，還非常會惹事，風評很差，而太宗卻不顧一切維護他。雖然太宗曾歷經許多屍山血海，但他格外疼愛孩子，儘管做了很多努力，然而兒子根本沒有變好的跡象。

一直不按牌理出牌的讓寧大君，甚至強搶官員的妾入宮。身為儒教國家的世子，竟然利用自己的權勢強搶他人的妾，違背三綱五倫，就算是一般人也得被指指點點。眾臣看著太宗的臉色不敢論道，但內心可能都在嘀咕：「怎麼可以這樣！」

太宗知道後，按照他往日的脾氣可能會大發雷霆，但他只是罵了讓寧大君，便讓他回去閉門自省，沒想到讓寧大君事後還寫了一封信給包庇他的父親。

不過，這封信並不是反省信，而是抱怨信。內容是：「殿下你可以帶那麼多妾入宮，為什麼我連帶一個都不行？」最令人為之氣絕的是，信的最後還威脅道：「你把我的妾趕走，只會得不償失！」意思是父親您如果再這樣的話，我們以後就走著瞧。

太宗收到讓寧大君的信後，終於讓他下定決心廢世子，也就是說，放棄他原本一直堅持的嫡長子繼承原則。據說當時太宗哭了很久，雖然知道不能把王位傳給讓寧大君，但心裡還是很疼愛他。

世子之位最終由第三子忠寧大君繼承。雖然忠寧大君的身體不好，但他非常認真好學，品行方面也很受大臣稱讚，就結果而論，忠寧大君正是日後開創朝鮮前期太平盛世的第四代君王世宗。如果當時太宗沒有做這個決定，就沒有世宗大王這位偉人。

而世宗之所以能大展長才，或許也是托了太宗的福。因為太宗把對王權有絲毫威脅的人全部殺光，不管他是外戚還是功臣，就是希望未來沒有任何阻礙能妨害他兒子。

當然，太宗也是多虧世宗，才能改寫他殺人無數的暴虐評價。如果沒有世宗，真的很好奇太宗會以什麼面貌被記錄在史書上。

農耕終於能用自家的曆法

世宗與太宗的性格截然不同，反倒是世宗的大哥讓寧大君，與父親非常相像，熱愛狩獵。至於世宗，不要說狩獵，連運動都不喜歡，他是個喜歡乖乖坐著念書的讀書狂。此外，世宗最喜歡的食物就是肉類，尤其是牛肉，甚至到無肉不歡的程度。有一軼事如下。

當時若國王薨逝，會有一段期間不能開葷。太宗快駕崩時，很擔心世宗，因為他太了解自己兒子的飲食習慣，想到他在國喪期間會很辛苦，所以事先留下遺言說，自己死後，世宗還是可以吃肉。太宗真的是愛孩子愛到極致。

而父子兩人的政治風格也非常不同。世宗是朝鮮時代最厲害的溝通王，他非常重視與宰相們的交流。從記錄國王言行的《世宗實錄》就能看到，世宗最常說的是：「眾卿以為如何？」這句話就像他的口頭禪一直反覆出現。

世宗經常詢問臣子且擅長聽取意見，他會與許多人討論後才下決定，這和太宗的獨斷獨行完全相反。再者，他實行議政府署事制度，選擇跟議政府的大臣議事。

不同於太宗時期，議政府的權限變強，而且世宗為了任用好的人才，還設立集賢殿。

世宗的功績眾多，不只在文化方面廣為人知，軍事成績也很優異。他派崔潤德[8]和金宗瑞[9]前往鴨綠江與圖們江，擊退女真族，並設置四郡六鎮，現今韓半島的版圖可說是世宗所建構的。同時，他還征伐對馬島，且擊退自高麗末期一直很囂張的倭寇，為百姓帶來和平的生活。

不僅如此，世宗也投入很多心力在科技發展上。在此之前，朝鮮都是直接沿用中國曆法，對時間沒有主控權。然而，中國和韓國有時差，月曆更存在誤差。

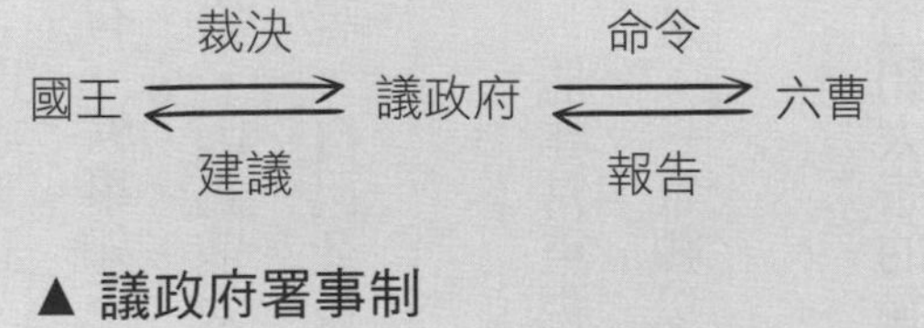

▲ 議政府署事制

朝鮮是農業國家，農工尤為重要，若使用中國曆法，插秧與灌溉都會出現誤差。世宗親自鑽研天文與水利，並與學者們一起創作出以漢陽為基礎的曆法《七政算》。

其實現在韓國也不是使用自己的時間，而是東京標準時間。實際上，兩國有三十分鐘的時間差。世宗若知道的話大概會說：「為什麼不用自己的時間？」但現在要修正也非易事，再加上天文學費用可觀，不過，如果以世宗的角度來看，雖然實行不易，卻是做對的事情。

世宗不僅找回時間主權，還分享給百姓。以前人民無法知道確切時間，都是透過環境變化來猜測，日出而作，日落而息。同時，他還創造日時計——仰釜日晷，並設置在鍾路的正中間，讓經過的人都能看到時間。

此外，世宗還命令大臣研究出水鐘自擊漏、測雨器與水標橋等，目的都是為了讓老百姓過更

8 編按：一四三三年參加征討建州女真李滿住的戰鬥，在婆豬江擊敗女真人，將朝鮮的國境線推進到鴨綠江畔，並建造山城防衛女真人入侵。

9 編按：朝鮮王朝時代的武臣，歷世宗、文宗、端宗三朝。曾奉命編修《高麗史》。

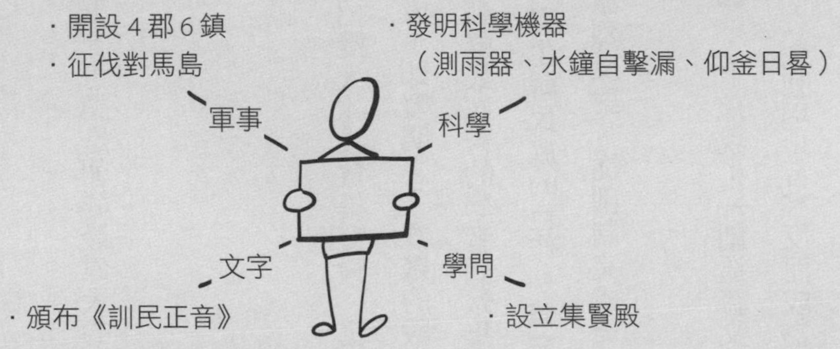

▲ 世宗在位時所做的四大功績

好的生活。他不僅是溝通王，還是愛民王，創制《訓民正音》[10]也是想讓百姓盡情表達心中的想法。

世宗以愛護百姓之心行事，並不斷思考要成為怎樣的王，可謂是朝鮮最偉大的聖君。

韓文誕生，平民也能識字

說到世宗最大的功績，非《訓民正音》莫屬。他為了招攬人才設置集賢殿，集賢殿是由募集的「集」，賢明的「賢」，以及殿閣的「殿」所組成，即賢明之人齊聚的殿閣。

集賢殿是國王的諮詢機構，也是研究學問的地方，而朝鮮最厲害的學者們聚集在此，致力考究學問，並與國王商討國家大事。在這個過程中，誕生韓民族的巨作「韓文」[11]。《訓民正音》的產生過程異常艱辛，因為遭到大臣們的激烈反對，從創制完成一直到頒布，花了數年的時間，可見當時士大夫有多反抗。

當時，擔任大提學的崔萬理為了反對創制《訓民正音》，上疏說：「創造諺文有違中華思想，且無益於學問發展。」但與崔萬理所擔憂的不同，《訓民正音》反而成為韓民族文化開花結果的原動力。崔萬理被禁錮在大中華主義的世界觀中，自然無法想像之後的世界。讀到這裡，我總會忍不住反思，現在我們的眼光是否也過於狹隘？

在現今生活中也有很多議題，可能有人贊成，也有人反對。這時，不妨把目光放到一百年或兩百年後來看，這樣才能夠驗證我們的眼光是否長遠。

我相信崔萬理並非惡意反對韓文，他在當時代也是全力以赴、用心生活的人。只不過，當時的東亞都圍繞著中國轉，因此很多人的想法都和崔萬理一樣。

隨著時間流逝，現在我們堅信的東西，未來很有可能會發現只是偏執的想法，正因如此，我們才需要驗證眼光，並問自己：「我的目光看得夠不夠遠？」

《訓民正音》如今已被評價為世界最優秀的文字之一，但它的誕生過程依然是阻礙重重，問題就來自於當時的貴族們的眼光不夠長遠。

即使遭遇頑強反對，世宗還是堅持創制韓文的原因在於，實現儒教國家的理想。在

10 編按：世宗創制韓文的理由如下：「國之語音，異乎中國，與文字不相流通，故愚民有所欲言，而終不得伸其情者多矣。予為此憫然，新制二十八字，欲使人人易習便於日用耳。」仔細說明創制文字的原理、理論根據與實際範例等。

11 編按：此文字發明之初稱為諺文。

世宗十年時，全州發生一件震驚全國的子殺父慘案[12]，因此他覺得百姓也需要學習倫理教育，而朝臣也根據世宗的意旨編纂出《三綱行實圖》。

《三綱行實圖》是一本輯錄身為君臣、父子及夫妻關係範本的圖畫書，裡面有忠臣、孝女、烈女的故事，圖畫當然是為了便於百姓理解才放進去的，但圖說全是漢字，不識字的平民根本看不懂。也是因為如此，世宗才發現《訓民正音》的必要性，這同時也是他創制韓文的動力。

歷史是勝利者的紀錄

世宗之後繼位的文宗，是朝鮮史上第一位以嫡長子身分即位的王。文宗與父親世宗非常相像，自從世宗生病後，文宗旋即代為理政，協理時間長達七年之久，是經過朝臣認證的國王。但文宗體弱，在位兩年就過世了。文宗如果能再長壽一點，應該可以延續世宗開創的太平盛世，真是令人惋惜。

文宗的兒子端宗十一歲繼任，小小年紀就成為朝鮮第六代王。不過，文宗的弟弟首陽大君卻緊盯著端宗的王位。首陽大君喜愛掌控權力的程度簡直可以媲美太宗李芳遠，本來他還知道隱藏想成王的野心，但哥哥文宗一死，就露出了爪牙。可惜的是，當時朝鮮王室竟然沒有一人能守護端宗。因為爺爺、奶奶與爸媽都過世了，他根本無力抗衡想奪權的叔叔。

最終，首陽大君發動政變，驅逐姪子並登上王位，也因為是在癸酉年平定了動亂，史稱癸酉靖難。大家是不是覺得很奇怪，明明是自己發動政變，卻還說成平定亂事？「癸酉靖難」這個詞，正是演示所謂「歷史是勝利者的紀錄」。就第七代王世祖而言，他親手結束當時亂象，並讓國家重新恢復平穩。

可是，首陽大君登上王位的路上，實在是殺了太多人。當時，他背後有一位叫韓明熙的謀士。韓明熙

12 編按：一四二八年，住在珍州的金禾殺害了自己的父親，人們對此事件議論紛紛，都主張應該嚴懲。當時，世宗認為，在這之前應該向世人分發廣泛宣傳孝行的書籍，最好讓國民都能閱讀。

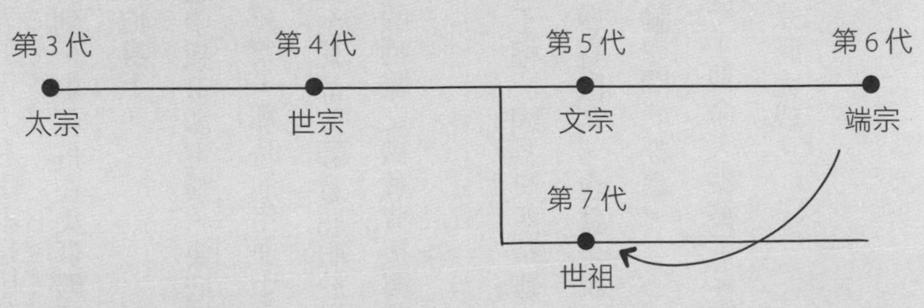

▲ 朝鮮前期國王即位一覽表

因扶持首陽大君有功，擁有手眼通天的權勢，而另一個首陽大君的得力右手就是申叔舟。

申叔舟是端宗的爺爺世宗相當看重的學者。有一則軼事提到，申叔舟在集賢殿看書看到太晚，結果睡著了，世宗看到後，便脫下自身的袞龍袍蓋在他身上。

世宗死前也曾把文宗託付給申叔舟，請他好生照看。不過申叔舟卻主張，要把被世祖流放的端宗處死，所以端宗在被趕下王位的兩年後，就被賜了死藥，那時他年僅十六歲。

然而，還是有人為扶植端宗復位而獻出生命。有六位大臣至死都不願意屈服於世祖，最後死去，後世稱之為死六臣[13]，即忠烈的象徵。就這樣，癸酉靖難交織著背叛與義氣、成功與悲劇，簡直就像一部椎心泣血的電視劇。

而跟太宗一樣手染鮮血登上王位的世祖，也同樣著手強化王權，因為癸酉靖難本就是名不正言不順的政變，因此需要用武力鎮住大臣。世祖重啟六曹直啟制，也就是說，又從開明變回封閉，此外，他不僅廢除集賢殿，同時也廢止大臣討論學問的經筵。

當然，世祖也不完全沒有功績。為了建立強力的政治秩序，他命人編纂了《經國大典》，因為展開新時代需要有新律法，而該法典在第九代王成宗時完成。

白天和臣子日對，晚上和妃嬪「夜對」

如果細看朝鮮的發展過程，你就會發現它其實和高麗很像。高麗建國初期，由於有和王建一起打天下的豪族，因此王權式微，朝鮮也是如此，因為李成桂是與鄭道傳等士大夫共同建國，故而王權衰微。

高麗光宗透過流血改革來強化王權，而後中宗開啟太平時代。朝鮮時期，太宗扮演和光宗相同的角色，但之後又有世祖帶來的腥風血雨，而後才是成宗登場。

一如成宗的謚號，他的功績很多，只不過在世宗的強大光環下，很容易被忽略。再加上，成宗的兒子燕山君是有名的暴君，因此成宗也被冠上暴君之父的惡名，這應該也是他的功勞被忽略的理由之一。

成宗最大的建樹是完成《經國大典》，使朝鮮的律法體制健全。成宗完善了從租稅徵收，一直到任用人才的程序、教育與國防等領域的制度，引領朝鮮進入全盛時期。《經國大典》成為治理國家與維持社會秩序的基準，除此之外，這時期還編纂了無數書籍，各領

13 編按：分別是成三問、朴彭年、河緯地、李塏、柳誠源、俞應孚。

域的集大成書籍如雨後春筍般產出，使文化達到極致發展。

成宗希望能將朝鮮建立成儒教國家。之前世祖廢集賢殿，故而成宗改設弘文館[14]，用來發揮集賢殿的效能，並恢復一度中斷的經筵。

成宗非常喜歡和臣子討論儒學，因此一天開設上午、下午與晚上共三次經筵，比世宗還常跟大臣見面，次數之多根本完全無法相比，甚至還有所謂的「夜對」，意即晚上叫士大夫來一起探討。

當然，成宗也不是只有處理政務，夜對之後，等著他的正是宴飲和後宮，他非常喜歡酒色。畢竟，對國王要求的德目中，還有一個是使子孫繁盛。從不同角度而言，成宗善盡了國王的職責。

成宗繼世宗後，再度打開與朝臣的溝通之門，並梳理朝鮮文化。因此，朝鮮才得以發展出儒教國家的架構，以及延續五百年歷史的單一王朝。

14 又稱玉堂、玉署、瀛閣，是朝鮮的行政機關與研究機關，也是正二品的衙門，負責管理祕密圖書，即幫助王宮保管的書庫。

03

儒教意識抬頭，女性地位低下

成宗時期確立以儒教為基礎的朝鮮文化。他為了把一直以來只存在於學問與政治思想的儒教倫理，推展至百姓的生活中，付出諸多的努力。結果，長時間信仰佛教或原始信仰的百姓，也開始慢慢有了儒教意識和倫理規範。雖然成宗成功了，但也成為使女性地位低下的起點。

性理學是講究傳統與名分的學問。如果王與臣子一起，王才是正統；貴族與商人在一起，貴族為正統；明朝與朝鮮一起，明朝是正統。也就是說，要尊待正統。

男女一起時，當然男人是正統，並認為女子應該遵循：「未嫁從父、出嫁從夫、夫死從子。」這就是性理學中描繪的女人形象，而為百姓灌輸這樣觀念的人正是成宗。

成宗是燕山君的父親，在燕山君很小的時候，成宗就廢了他的母妃並賜死。據傳言，廢妃尹氏過於善妒，和成宗發生爭執時，竟然直接抓傷成宗的臉。再加上，成宗的母親仁粹大妃還編纂一本叫《內訓》的書，內容強調身為婦女應該遵守的德目，由此可見當時的社會風氣，最終尹氏遭廢。

不只如此，我們還可以從於于同事件來窺見成宗的想法。有一名叫於于同的女性，曾與許多男人通姦，這些男性包含王族及貴族等，在社會上引發軒然大波，這在當時無疑是爆炸性緋聞。

成宗對於于同處以嚴刑，她也在流放過程中身亡，但事件中的男性卻不了了之，之後他們更重回朝堂。成宗還因此立法禁止寡婦再嫁，表示貞潔比什麼都重要。藉此，我們可以把成宗視為是打壓女性地位的開端。

性理學是一門要求大家承擔各自職責，並依照各個角色的規範生活的學問，方為理想。換言之，男人要像男人，女人要像女人，社會才能和樂協調。

當然，從我們現代的眼光來看很難理解，不過對於一心以建立儒教國家為己任的成宗而言，這只是為了達成目標所做的努力。也因為成宗的用心，朝鮮才得以設立儒教國家的體制。

想變成「肉醬」就進諫

大家還記得之前鄭道傳主張推行宰相政治的理由嗎？也就是說，不可能每一位國王都很聰明，而他的擔憂也終究成真。成宗之後，第十代王燕山君繼位。他既殘忍又特立獨行，還得到「朝鮮史上最差勁的暴君」之稱。

應該說，從廢妃尹氏被成宗賜死時，悲劇就已經開始。燕山君得知自己母親死亡的真相後，展開一連串的報復。他找出並殺死當時參與廢妃事件的所有相關人士，在此其中，如果有人對他的行為提出質疑，他也會立刻殺了那個人。

到最後，演變成燕山君想殺誰就殺誰。眾臣因害怕成為下一個刀下亡魂，所以都不敢置喙。有兩個單字能代表瘋狂的燕山君時代，那就是「肉醬」和「興清亡清」。

燕山君聽聞母親的死與成宗後宮的嚴氏與鄭氏有關，因此大半夜直接提刑兩人，而且還把兩人的兒子叫來。燕山君並沒有對嚴氏與鄭氏的兒子說明誰是罪人，便命令他們予以杖責。有一位兒子根本不知道那是自己的母親，就抄起棒子杖打。另外一位兒子發現後，遲遲下不了手。

在一旁看著的燕山君，隨後吩咐宮人將嚴氏和鄭氏杖斃，並命人把兩人的屍體分屍，撒上鹽後醃成肉醬。上述這些都是《燕山君日記》中記載的內容，真的是毛骨悚然到令人懷疑，人類怎麼可以這麼凶殘？

燕山君沉迷酒色，對國事毫不關心，幾乎天天舉辦宴會。挑選善歌舞的美貌妓生，封他們為「興清」，每天在宮裡肆意嬉鬧，這也就是「興清亡清」的由來。為興清們一擲千金的燕山君，甚至還成立專門為他挑選美人的官職。不管這個人是否已為人妻或是誰的女人，通通抓到宮中，百姓們雖怨聲載道，卻只能痛哭。

燕山君的暴政越演越烈，根本沒有任何人能制止他。最後，燕山君成為朝鮮史上首位被朝臣廢除王位的君王。臣子們因為再也沒辦法聽命於這樣的國君，發起中宗反正，並驅逐燕山君。第十一代王中宗是成宗的第二個兒子，也是燕山君的同父異母兄弟。燕山君的狗血劇時代也就此落幕。

士林派逐漸掌握朝局

到西元一五〇六年燕山君被廢為止，是朝鮮初期約一百年間的歷史，也就是十五世紀的樣貌。與太祖李成桂一起建立新王朝的激進改革派勢力，在建構朝鮮框架時，扮演非常重要的角色，也因此成為功臣，而他們的後代子孫也都在王室擔任有實權的官職，並引領中央政治。

然而任何人都一樣，只要時間久了就會開始腐敗。以鄭道傳為首的激進改革派士大夫，雖然抱持新願景來建國，但當他們搖身一變成為社會的主流統治階層後，只想穩固自己的勢力。

而此時，有一股牽制他們的勢力開始慢慢成長，那就是沒有參與朝鮮建國的穩健改革派士大夫們的後裔。穩健改革派的士大夫們在高麗滅亡後，選擇辭官歸隱，回到鄉下開始投身研究學問與教育後進的事業。他們創辦書院，並教導出無數子弟。就算沒能進到中央，在各地方也確實有其影響力——他們就是士林派。

從十六世紀開始，士林派逐漸掌握權力。

當然，士林派也並非一帆風順。一旦他們進入中央，既存勢力就會群起攻擊，所引發的災難稱為「士禍」，也就是士林遭受禍事，而大的士禍共有四次。

燕山君時期發生過兩次，其中一次是他得知自己母親廢妃尹氏的死亡真相時，把所有相關士林派人士都殺掉（甲子士禍）。但因為發狂的燕山君不只殺了士林派等人，所以才有後來的「中宗反正」。之後，士林派又歷經兩次士禍（己卯士禍、乙巳士禍），受到相當大的迫害。不過，因為士林派一直以來都有持續培養地方勢力，所以並沒有因此倒下，終於在宣祖時期掌握實權。

從某個角度來看，朝鮮或許也可以說是士林派的天下。雖說到十五世紀為止，是由激進改革派的勳舊派掌握實權，但從十六世紀開始，就一直是士林派帶領國家前進，一直到朝鮮滅亡，他們都占據朝鮮政治界的主流位置。

在此過程中，也產生所謂的朋黨。朋黨是一種政治形態，朋是指官吏，意思是具有相同想法的人聚集在一起形成黨，只要把它想成是現代社會的政黨即可。

就在士林派掌握實權時，發生朝鮮歷史上最大的國難，壬辰倭亂。

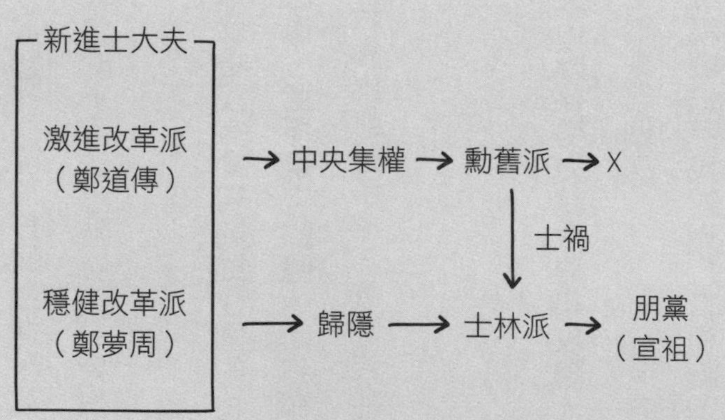

▲ 士林派的發展及掌權過程

04 壬辰倭亂與丙子胡亂

壬辰倭亂發生於西元一五九二年，約莫朝鮮建國兩百年時，在這期間基本上沒有什麼大的戰爭，與五百年間都在戰爭中度過的高麗相比，算是很有福氣。

朝鮮既沒有外敵侵犯，又有世宗和成宗這樣優秀的君王，雖然還是有癸酉靖難與燕山君暴政等惹人厭的事，但整體上是太平盛世。而打破這和平現況的兩起亂事，就是壬辰倭亂與丙子胡亂。

壬辰倭亂是指在壬辰年時，倭國引起的戰亂。

至於日本為什麼要攻打朝鮮？當時，豐臣秀吉結束日本一百多年的內戰統一全國，且他想擁有更大的國土，因此欲借道朝鮮攻打明朝，這聽起來很荒唐。對於朝鮮而言，明朝是宗主國，故而根本不可能答應此事。因此，豐臣秀吉便發動戰爭，派大軍進攻朝鮮。在一五九二年到一五九八年兩度侵略朝鮮，開啟兩國之戰。

朝鮮因久未經戰且毫無防備，所以在戰爭初期顯得束手無策，不僅節節敗退，還有將領直接拋棄士兵逃跑。**倭軍僅花了二十天就從南部的釜山打到首都漢陽**，因事態緊急，明朝也動員軍隊，畢竟稍有不慎，朝鮮可能就會被日本併吞，這對明朝非常不利。

明朝也知道豐臣秀吉的最終目標根本不是朝鮮，而是中國，必定要在一發不可收拾前加入戰局才行，也因此對抗壬辰倭亂的有官軍、義兵以及朝明聯合軍。

官軍中最活躍的代表人物正是引領水軍的朝鮮名將李舜臣。不同於陸戰，李舜臣接連在海戰中取得勝利，歸功於其縝密的準備與卓越的戰術。在閑山島時，李舜臣假裝敗退，引誘倭軍深入，之後再一網打盡。這時使用的戰術是鶴翼陣，像鶴一樣伸展雙翅，等待敵軍進入，將其包圍並殲滅。

李舜臣在壬辰倭亂中立了大功，對倭軍來說，他簡直是恐怖的代名詞。因為日本依靠水軍進行軍糧補給，而李舜臣一旦滅了水軍，陸軍就會因缺乏補給而無法作戰，所以朝鮮可以趁著敵人沒飯吃時，重新整備陸地作戰。

義兵的活躍也令人注目。朝鮮各地都有像郭再祐[15]、趙憲[16]等人參與戰鬥。雖然處於弱勢，也沒有趁手的武器，但他們熟知自己身處的地形，透過游擊戰痛擊敵人。

對倭軍來說，義兵的存在真是令其百思不得其解。不管是在日本哪個地方，只要先打倒領主，跟隨的百姓就會乖乖投降，不過朝鮮的百姓卻不按牌理出牌。明明已經占領土地，百姓們不投降卻站出來戰鬥，這讓倭軍不知所措。

因為百姓挺身而出，所以陸地上的官軍們也再次雄起，權慄[17]的幸州大捷

15 編按：他集合宗族和同村村民，協助朝鮮官軍防衛宜寧郡，這也是民間組織的第一支義兵。

16 編按：朝鮮儒學家。他是東國十八賢之一，與高敬命、金千鎰和郭再祐合稱壬辰四忠臣。

17 編按：朝鮮時期的將軍。他是領議政權轍的第四子，也是李恆福的丈人。他在戰爭中擔任都元帥（總司令），並以指揮以少勝多的幸州大捷而出名。

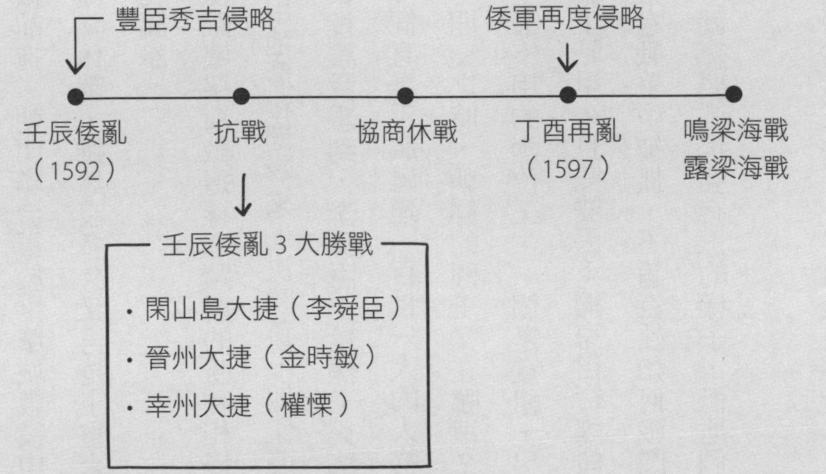

▲ 壬辰倭亂爆發過程及後續引發事件

與晉州大捷的金時敏[18]就是其代表，而這些戰役最大的意義在於，官民協力合作抗戰。

倭軍雖然越過開京來到漢陽，卻無法再繼續前進。朝明聯合軍於平壤城戰役中取得勝利，使倭軍士氣大挫。倭軍在幸州城戰敗後，提議休戰，雖然沒多久又再捲土重來，但李舜臣領軍的鳴梁海戰與露梁海戰，打得他們落花流水。

雖然閑山島大捷也贏得漂亮，不過還是無法跟鳴梁海戰這樣奇蹟般的勝利相提並論。李舜臣在戰爭條件非常不利的情況下，選擇利用地形和潮汐來一決勝負，他僅憑十三艘船，就完全輾壓倭軍遠超過十倍以上的船。這戰役讓我想到，李舜臣正是孫子兵法中所說的「先勝而後求戰」，而非「先戰而後求勝」，簡直是千載難逢、百世一人的人物。

當義兵、官軍、朝明聯合軍與倭軍打得不可開交之時，朝鮮的國王又在哪裡？這時第十四代王宣祖正忙著逃亡。如果要選出朝鮮史上最沒用的兩位王，一個是宣祖，另一個是第十六代王仁祖，他們的共通點皆是在位期間發生戰爭，且雙雙丟下國家自行逃命。

當然，並不是說逃亡就有錯，畢竟國王如果在戰爭中被抓，不論百姓如何戰鬥都沒有用，所以國王選擇避難也是理所當然的。不過，就算要逃也要有王的樣子，但他們根本不是當王的料。

倭軍風馳電掣朝漢陽而來，宣祖急忙冊封光海君為王世子，將朝廷之事託付給他後就匆匆離開。這樣一來，等於將朝堂一分為二，朝鮮史上稱為分朝。宣祖一心只想逃往中國，臣子們隨即出面勸阻，畢竟國王怎能拋下百姓直接流亡他國。

好在光海君臨危不亂扛起責任，他守著沒有宣祖的朝堂，與因戰爭感到疲憊的百姓並肩而行，讓我們看到真正的王該有的樣子。

光海君深受百姓愛戴，這也使宣祖備感威脅，便開始怨恨起自己的兒子。事實上，光海君也相當不安，他雖然被冊封為王世子，但宣祖依然沒把權力移交給他。

再加上宣祖還迎娶年輕的仁穆王后，並生下嫡子永昌大君，讓光海君備感壓力，因為他是後宮嬪妃所生，而繼承王位的大統則在嫡長子身上。不過，在這混亂的局面中，宣祖過世了，最終光海君登上王位。

朝臣說，百姓反對實施大同法

光海君繼承王位後，還是無法安心，內心總是充斥著「我能穩坐這王位嗎？」的不

18 編按：他在戰爭期間作為抗擊日本的將軍聞名，最終陣亡於第一次晉州城攻防戰之中。

安。據傳聞，他為了穩固自己的王權，將同父異母的弟弟永昌大君關在房中燻死，並將其生母仁穆太妃流放。

仁穆太妃是宣祖的繼后，也是光海君的繼母，所以光海君等於是廢了自己的母親，這對重視性理學的朝鮮來說簡直是大不孝。這樁「廢母殺弟」事件，也成為光海君的弱點。就這件事而言，光海君真的是大大失策，不論他在政治上有多出色，只要道德上出現汙點，就會受到臣子的抨擊。

實際上，光海君是個追求實質利益的王。他實行的大同法，以現在來看可說是棋高一著，不過就當時的觀點而言，根本是最差的政策。原先朝鮮百姓所繳納的稅金可分為租稅、貢納與徭役，而其中貢納的繳交過程常有貪腐之事，於是光海君推出大同法應對。

簡單來說，由於各地上貢的特產外形與重量不盡相同，難以用準確的基準徵收，故要求以統一的標準繳納。由於當時的米等同於貨幣，所以大同法要求以米取代特產貢納。

本來貢納徵收的對象是每一戶人家，但大同法是按照土地來徵收稅金，所以擁有眾多土地的人一定會不滿。當大同法要準備實行時，臣子們就以百姓們不滿為由反對，事實上是他們自己反對，只不過拿著百姓當藉口。現在的政治人物不也是這樣，嘴上常說因為國民們不滿，但其實只是拿民眾當擋箭牌來推行自己的主張罷了。當時的朝臣們也一樣，還為此上疏阻攔。

若說大同法是對內的問題，那麼對外就是與後金的關係。經歷壬辰倭亂後，明朝的勢力銳減，而女真族卻逐漸茁壯，建立後金，且開始對明朝施壓。明朝因此要求朝鮮派遣援兵，畢竟壬辰倭亂時，他們有派兵相助。但光海君舉棋不定，因為明朝局勢早已日薄西山，萬一後金獲勝，朝鮮將會無地自容。

光海君問一眾朝臣：「遵守道義固然好，然而應該先想想後果，如果明朝滅亡，日後要怎麼抵擋後金的侵略？還有，就算明朝取得勝利，朝鮮又該如何承受在這過程中損失的人力、物力？」但大臣們依然覺得明朝才是正統，朝鮮應該與之同進退。

一直很煩惱的光海君，拖延幾次後，不得已還是派兵。不過，光海君也另外對姜弘立將軍下了密旨，交代他要審時度勢，雖然沒直接明說要降於後金，但身為一國之王怎能下如此命令。即便光海君沒有明令，姜弘立卻了解對方的意思，直接向後金投降。也就是說，朝鮮不想和後金為敵，是不得已才來的，而後金也表示理解。

當這個消息傳回朝鮮時，整個朝堂亂成一團，這不僅代表光海君背叛永遠的友邦明朝，也拋棄性理學最重視的名分。結果大臣們祕密發動「仁祖反正」，光海君也成為朝鮮歷史上第二位被驅逐的君王。

雖然仁祖反正是打著不孝不義的名目，然而其實大臣們是由於大同法才厭惡光海君，畢竟事關自身財產，只不過這樣說有礙顏面，因此才拿外交問題當作幌子。不管如何，光海君的行動的確是背叛明朝，再加上殘忍殺害弟弟並流放母親等道德缺陷，而朝臣們也緊咬著不放，最終推翻光海君。

把人當蠻夷，卻一樣得下跪磕頭

將光海君拉下臺的名目是背叛明朝，因此推動仁祖反正的人高喊要「親明排金」。後金得知後當然很不高興，因為朝鮮總是站在明朝那邊，而攻打明朝勢在必行，為此相當頭痛。後金擔心在攻打明朝時，萬一朝鮮打來怎麼辦，所以決定先攻打朝鮮永除後患。由於是胡族引起的戰亂，故而稱之為胡亂。

胡亂共有兩次，分別是「丁卯胡亂」與「丙子胡亂」。如果大家理解整個過程，便忍不住懷疑上位者怎麼會這樣做。一六二七年丁卯胡亂後，後金與朝鮮協商、議和，並撤軍，條件之一就是派遣朝鮮王子為質子。但之後朝鮮竟然想出「狸貓換王子」，這一定會被發現，真的不知道他們當時在想什麼。

還有，朝鮮一直以來都蔑視後金，即使後金派使臣前來，也把人當作蠻夷嘲笑。既然如此，那至少也要做好開戰的準備，而他們卻什麼都不防範。

結果九年後，一六三六年後金再次攻打朝鮮，發生丙子胡亂。後金也在這段期間更加壯大，並建立清朝。清太祖派兒子皇太極直接率兵渡過鴨綠江，仁祖慌忙出逃。不過，這次仁祖卻無法逃到江華島。因為丁卯胡亂時仁祖也曾到江華島避難，清朝早已熟悉朝鮮國王的逃亡路線，從而預先阻斷前往此處的路。最終，仁祖急忙調頭前往南漢山城，並在那裡撐了四十七天之久。

南漢山城從未被攻陷過，是易守難攻的天然要塞，即使清朝大軍也莫可奈何，但問題出在糧食。清軍包圍南漢山城等著仁祖出來，因此糧食無法及時供給城中。眼見糧食即將耗盡，加之仁祖聽聞江華島也淪陷了，不得已只能宣告投降。

當時南漢山城附近有個叫三田渡的地方，是連結首爾與南漢山城的渡口。仁祖便是在此向清太宗下跪磕頭，此為「三田渡之

光海君 中立外交 → 仁祖反正 親明排金 → 丁卯胡亂（1627）VS 後金 → 清朝要求行君臣之禮 朝鮮拒絕 → 丙子胡亂（1636）VS 清

▲ 丙子胡亂爆發背景

屈辱」。清朝皇帝為了紀念這次勝利，在此設立三田渡碑，現在大家只要到首爾蠶室石村湖附近，就能看到該碑石。最終兩國簽訂合約，而仁祖也依約將自己的第一子昭顯世子與第二子鳳林大君，以及許多王室子孫等送到清朝當人質。

除此之外，每年還要向清朝上貢無數貢品，更有不計其數的百姓被清朝抓去當俘虜。無數人民與家人生離死別，而被虜的朝鮮人被當成貨物般販售、做各種奴役，甚至被當作炮灰等，過著痛苦的生活。

戰爭會留下不可抹滅的傷害，仁祖為了維持與明朝的關係，無視國際情勢挑釁清朝。縱使名分和道義都很重要，但被他國抓到發動戰爭的把柄，真的不禁令人懷疑是否有能力擔任領導者。自始至終堅持反對與清朝和睦相處的大臣們，甚至說出：「國可滅，道義不可拋。」由此可見，引領一國的人非常重要。

透過兩次胡亂，我們可以好好深思身為領導者及政治人物，應該追求的究竟是什麼。

05 韓劇的常客——充滿魄力的肅宗

就像高麗時代是以武臣政變為分水嶺分成前期與後期，朝鮮時代則是以壬辰倭亂為界，劃分前後期。當時由於朝鮮經歷大戰爭，動搖社會根本，統治階層為了使國家安穩，因此決心整頓社會體系。在此過程中，政治型態產生變動，也形成朝鮮後期的重大影響。

喪服要穿多久，吵到引發黨爭

前面曾提及，朝鮮在十六世紀，也就是第十四代王宣祖時，統治階層由士林派取代勳舊派。掌握權力的人與志氣相同的人結成朋黨，並開啟朋黨政治。

這時的朋黨分為東人黨與西人黨。因為引領各黨的首領分別住在漢陽東邊與西邊，故以東西命名。而士林派之所以分裂成兩派，是為了爭奪人事任命權，一旦擁有人事權，便能把人放到想要的官位上，所以兩邊勢力都爭相想掌握這個位置。

朝鮮時代職掌人事權的官員叫做吏曹銓郎，吏曹等同於現在的人事處，而銓郎是吏曹的官職之一。吏曹銓郎的品階雖不高，但由於手握人事權，因此成為炙手可熱的官位。

因為兩方人馬所支持的吏曹銓郎候選人各不相同，因此士林派自然而然分成東人黨與西人黨，而主導權主要落在西人黨手中。當時西人黨的領袖是現今韓幣五千元紙鈔上的栗谷李珥，而東人黨的領袖則是現今韓幣一千元紙鈔上的退溪李滉。

雖然兩邊因意見不同而分黨派，卻意外符合了**朋黨政治的原則——共存**，也就是說，不是只有一方掌握全部權力。

而此時，發生了打破雙方平衡現況的事，那就是第十八代王顯宗時的禮訟事件。

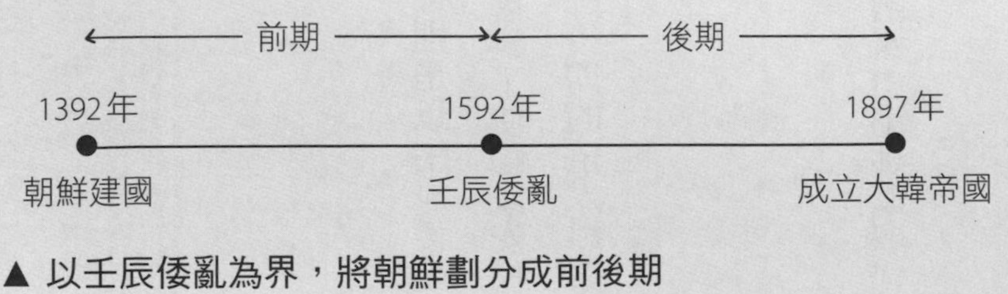

▲ 以壬辰倭亂為界，將朝鮮劃分成前後期

禮訟是針對喪禮法制展開爭論，爭吵的內容是穿著喪服的時間，也就是說，兩邊在爭執喪服應該要穿多久，也因為這問題發生了兩次禮訟。

如果想知道為什麼會因著喪服而爭吵，那就要先了解顯宗的族譜。首先，顯宗的爺爺是壬辰倭亂時的仁祖。仁祖向清朝投降，其子被帶到清朝當人質。兩位王子歸國後，第一個王子昭顯世子不久便死了，第二個王子鳳林大君繼位為第十七代王孝宗，而他也就是顯宗的爸爸。

仁祖在原配王妃死後，迎娶很年輕的女子當王后，有的甚至比孝宗的年紀還小，所以孝宗就有了一位比自己小五歲的繼母。而問題就是從這裡開始的，當孝宗過世時，他的繼母還在世。

第一次的禮訟發生在孝宗葬禮時，兩邊針對繼母應該穿多久喪服展開論爭，而當時的東人黨又分裂成南人黨和北人黨，並由南人黨獨占勢力，因此可以說是南人黨和西人黨的對抗。

孝宗是仁祖的第二子。根據禮法，非長男的

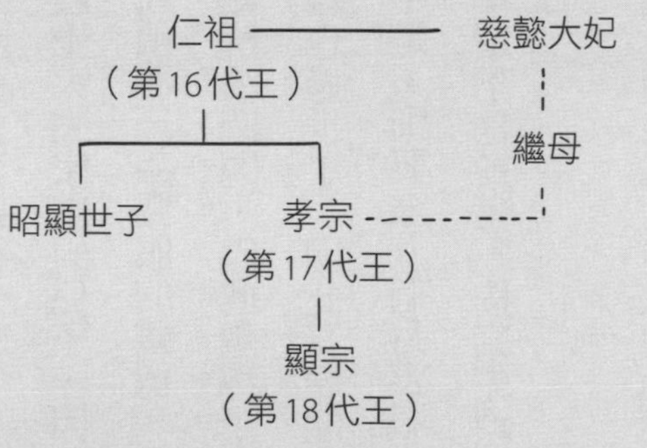

▲ 顯宗時期的譜系圖

兒子去世的話，母親要著喪服一年。當時西人黨代表宋時烈主張按照禮法，著一年喪服，但以許積和尹鑴為首的南人黨卻認為，孝宗是國王不是一般士大夫家庭的兒子，因此應該加以禮遇，視其為長子來辦理喪事，所以應該按照長男身死須著三年喪服的禮儀。

顯宗的父親死了，臣子們還爭論不休，當時他只想快點解決問題，因此選擇了宋時烈的主張。然而，偏偏接下來孝宗的妻子，也就是顯宗的母親也過世了，因此又展開第二次禮訟。如果是長男的媳婦過世，婆婆要著一年喪服；如果不是，則要穿九個月喪服。

這次同樣也是西人黨與南人黨相互對立。西人黨認為孝宗不是長男，按原先禮法規定即可，而南人黨則認為應該禮遇君王，讓婆婆著一年喪服。

這時距離第一次禮訟時隔十五年，顯宗已經超過三十歲，西人黨的說法讓他聽起來覺得不尊重國王本身。所以，第二次禮訟顯宗選擇南人黨的意見。而在位期間總是因禮訟問題而困擾的顯宗，也在第二次禮訟結束後不久去世了。

肅宗喜歡一黨專制

顯宗之後繼位的是其獨子，第十九代王肅宗。**肅宗可以說是韓國連續劇的常客**，像是

《仁顯王后的男人》、《張禧嬪》與《淑嬪崔氏》等劇中都有肅宗這個角色。不過，肅宗本人和電視劇中遊走在女人之間的樣子大相逕庭，反而是相當有決斷的君王。如果要在朝鮮的君王中選出一位最有魄力的王，相信很多人可能會選擇太宗李芳遠。但我認為，肅宗才是最具魄力的君王

太宗介意自己不是嫡長子，所以為了成王殺了兄弟。但肅宗是嫡長子出身，且他的父親也是嫡長子，因此其正統性不容置疑，又因性理學非常重視名分，因此肅宗擁有太宗所沒有的威嚴。

再加上肅宗本身非常聰明，以十三歲稚齡登上王位，旁邊無人垂簾聽政而是直接親政。各位想想早前提過的，十二歲登上王位的端宗，被自己的叔叔首陽大君給殺了，以及後面將會提到的，一樣在十二歲繼位的第二十六代王高宗，卻被自己的父親興宣大院君架空，兩者跟肅宗截然不同。

新王繼位就代表先王駕崩，因此應該著手整理先王的生平事蹟，這稱為行狀。為了記錄父王的行狀，肅宗翻閱禮訟相關紀錄，卻相當不快，尤其對西人黨懷恨在心，因為他們將國王和其他士大夫一視同仁，也因此肅宗指示要記錄下西人黨的錯誤行為。

當時掌權的就是西人黨宋時烈，根本沒有人敢對他指手畫腳，甚至連記錄行狀的官吏

也不敢直接寫下其錯誤，只能婉轉描述。看過行狀的肅宗非常氣憤不滿，最後直接叫官員來「聽寫」，記載內容直指宋時烈的錯誤。

這時肅宗年方十四，他將已經是爺爺輩的儒學泰斗宋時烈批評得一文不值。在韓國，宋時烈被稱為「宋子」，是相當於中國的孔子、孟子一樣，被冠上「子」字輩的人物，他也是從肅宗的曾祖父仁祖時代開始，服侍過四任國王的權威人士。但肅宗竟然還要旁人寫下他的犯行，從這裡就能看出他是個有魄力的國王。

朝臣們之所以不敢說什麼，不只是因為肅宗的正統性，而是他統御政治的方式是使一方獨自掌權。例如：先讓南人掌權，卻猝不及防收回來，之後便將權力轉給西人，這就是所謂的「換局」。換局中的「換」字即改變，而換局是指改變局面的意思。

如果說朋黨政治的關鍵字是「共存」，那麼換局政治的關鍵字就是「一黨專制」。若一邊掌權，另一邊就得惶恐不安，就像某天出門上班，突然被賜死一樣，因此臣子們都相當戒慎恐懼，且要一直看國王的臉色。而肅宗也經由上述這樣，重新強化了王權。

肅宗時期真的死了非常多人，他最後也賜死宋時烈。朝臣們為了要活下來，只好不斷鬥爭。雖然王權因此得以強化，但當時的政治情況非常不好。這段歷史後來還被日帝扭曲事實，說韓國民族的特性就是喜歡結黨鬥爭。

獨島是我們的！

小小年紀就登上王位的肅宗，在位四十五年，統治國家的時間長，因此也做了很多事。就外交成果而言，肅宗先是**解決國境爭論**。當時清朝和朝鮮常因邊境問題吵不停，他**為了明確劃分兩國邊界，在白頭山立了定界碑**。

也是在這個時期，獨島被確立為朝鮮領土。不過這不是肅宗做的，而是一名叫安龍福的漁夫的功勞。安龍福前往鬱陵島捕魚時，對上了日本漁民，安龍福抗議他們越境，卻反而被抓去日本，但他還是勇敢無懼的主張鬱陵島和獨島是朝鮮的土地。不過，日本漁船還是經常越島作業，看不下去的安龍福於是假裝官吏，前往日本聲明獨島是朝鮮領地，並獲得日本認可後才回國。

安龍福扮演如此重要的角色，然而一回到朝鮮，卻因假扮官吏被宣判死刑。但由於他立下大功，因此功過相抵改判流放。現在日本也在主張獨島是他們的，如果沒有安龍福，真不知會演變成什麼樣子，也希望大家都能記得此事件發生在朝鮮肅宗時期。

從經濟層面來看，**肅宗最大的功績就是發行流通貨幣**。在這之前，韓國沒有實際貨幣流通的經驗。雖然製造了貨幣，但沒有實際價值存在。因為人民不信任貨幣，因此根本不使用，而是繼續透過布疋或是米等實物來交易。肅宗時，開始通用金屬貨幣「常平通寶」，商品貨幣經濟因此開始發達。

除此之外，**肅宗也致力於對歷史撥亂反正**。他冊封被世祖殺害，連墳墓都沒留下的端宗為魯山君，也恢復為守護端宗而死的死六臣身分。肅宗身為世祖的後孫，這是相當不容易的事，而這也只有他才做得到的，因為他是極具正統性的王，朝臣們不敢多加置喙。

同時，肅宗也恢復了昭顯世子的妻子姜氏的身分。昭顯世子在丙子胡亂後，被帶回清朝做人質，朝鮮雖然蔑視清朝為野蠻人，但實際去了之後，才發現清朝是個相當發達的國家，也在那裡接觸很多神奇的西洋物品。

昭顯世子認為，這些都是朝鮮應該學習的部分，不過仁祖在三田渡遭受向清朝皇帝下跪磕頭的恥辱，所以面對這個拚命讚揚清朝文物的兒子，自然非常反感。

據說生氣的仁祖還向昭顯世子扔擲硯臺，沒過多久，昭顯世子便突然去世，故而傳出仁祖毒殺兒子的傳聞，可見父子關係有多劍拔弩張。

在昭顯世子死後，仁祖也賜死世子嬪姜氏，並流放自己的孫子。肅宗這麼做等於就間接承認仁祖的失誤。年代比較久遠的端宗就算了，但昭顯世子是自己爺爺時的事，根本都還沒經過多久。

肅宗做出這樣的決定，也能看出他卓越的正統性和力量。一旦國王決定了，臣子們就只能照做，畢竟肅宗可是連宋時烈都敢殺，誰還敢站出來反對他？真是集大權於一身的王啊！

事實上，朝鮮到最後還是無法成為王的國家，因為臣子權力很大，所以依然是朝臣的天下。這也是無可奈何的事，由於大臣們負責教育國王，從小就得接受他們的教導成長，君王自然也會受其影響，更害怕朝臣們的嘴。

但肅宗時代卻不同，我想，此時期或許是唯一能讓我們看見所謂「王的國家」是什麼樣子的時代。

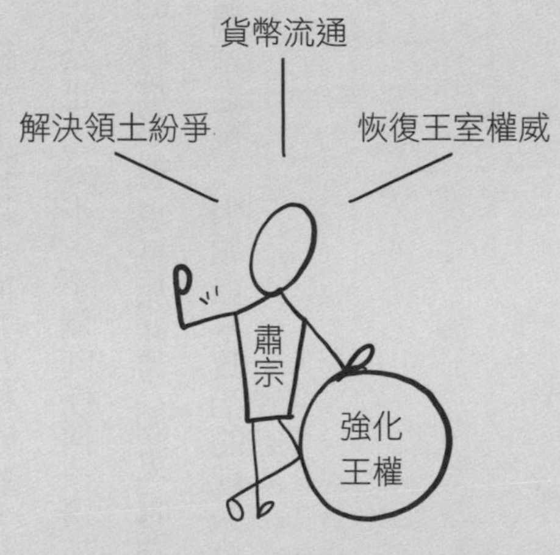

▲ 肅宗透過三大改革強化王權

06 被父親關在米櫃致死的思悼世子

經歷朋黨政治、肅宗換局後，很多人開始反思，政治不該為了權力互相殘殺，而「蕩平」就是在這樣的情況下登場的政治形態。蕩平是指公正、公平，不偏向任何一邊。俗話說，歷史是正反合的過程。朝鮮後期的政治形態也是如此。如果說朋黨是「正」，換局是「反」，那麼蕩平便是「合」。在肅宗之後，引領蕩平政治的就是第二十一代王英祖與第二十二代王正祖。

英祖推行蕩平政治，朝內再無對立

英祖是所有朝鮮國王當中最長壽的，他活到了八十二歲，如果以當時的平均壽命來換算，在今日相當於活超過百歲，因此他在位時間也很長，治理國家的時間超過五十年。

英祖的長壽祕訣是控制飲食，他吃得很少，與愛吃肉的世宗不同，據說吃了很多人蔘。此外，因為英祖喜歡辣椒醬，所以這時淳昌地區[19]的辣椒醬變得很有名。當時某位臣子的老家就在淳昌，傳聞英祖明明不喜歡他，卻為了他們家做的辣椒醬，表現得很親近。

英祖的政治立場很明確，就是捨棄換局政治。他表示，只要不將權力傾注在某一黨上，便能不分黨派，均衡重用每個地區與每個黨的人才。他承諾實行蕩平策，並在堪比現今國立大學等級的成均館門口設立蕩平碑。碑石上刻有：「周而弗比，乃君子之公心，比而弗周，是小人之私意。」要讓儒生們知道，政治就應該如此。

英祖還發明一道宮廷料理「蕩平菜」來說明蕩平策。蕩平菜與現今韓國吃的雜菜冬粉很像，只要把它的主食想成是綠豆涼粉即可。這道菜是將顏色多樣的食材一起拌著吃，就像現在各政黨都有其代表色，當時西人黨分為老論與少論，東人黨則分裂成南人與北人，所以四個黨合起來又稱四色黨派。英祖透過製作這道料理，充分展現施行蕩平政治的強大意志。

19 編按：位於現今韓國全羅北道南部。

托英祖的蕩平策之福，並沒有發生像之前一樣極端的對立事件。再加上，由於英祖在位時長，到後期有很多官員都已經是子承父職。當臣子們想說些什麼時，英祖就會說：「我跟你爹很熟！」這樣一來，年輕朝臣們只能乖乖閉嘴，自然什麼事也都做不了。

英祖致力於強化王權與穩定民生，若要說其最大功績，應該是實行均役法。壬辰倭亂後，百姓透過繳交兩匹軍布來免軍役，而英祖為了減輕人民負擔，改降為徵收一匹軍布。同時，改革刑罰制度，廢除凶殘的懲罰，並重啟被燕山君廢除的申聞鼓。在大闕前懸掛一個巨大的鼓，如果百姓有冤屈想要申訴，就能敲響這個申聞鼓。

英祖也非常熱愛學問，他不僅編纂了很多書籍，還自己寫書，根本是模範生。朝鮮時代的文藝復興，可以說是英祖撒下了種子，並在後來正祖的統治下開花。

英祖將兒子關在米櫃中致死

不過，雄才大略的英祖有兩個弱點。第一是出身，英祖的母親是宮廷中負責雜役的水賜伊，這是很低賤的身分，等於是照顧宮女的僕從，也是宮裡最底層的人，出身問題困擾英祖一輩子。

另一個就是毒殺景宗的傳言。英祖並非接在父親肅宗之後繼位，先於英祖登基的是第二十代王景宗，他是肅宗與張禧嬪的兒子，也是英祖同父異母的哥哥。

肅宗賜死曾寵愛一時的張禧嬪，連帶討厭她所生的兒子景宗。肅宗晚年因少論與老論欲推舉的繼承人各不相同，曾產生很多次論爭。少論主張應該由嫡長子景宗繼位，老論則以景宗生母被廢而反對。

後來肅宗聽從少論的意見，選擇景宗成為下一任君王。但身體虛弱的他，在吃了英祖送來的柿子與醃醬蟹之後，腹瀉不止，沒多久便過世。其實景宗早已病重，然而由於景宗後繼無人，才會傳出英祖為了上位毒殺哥哥之說。

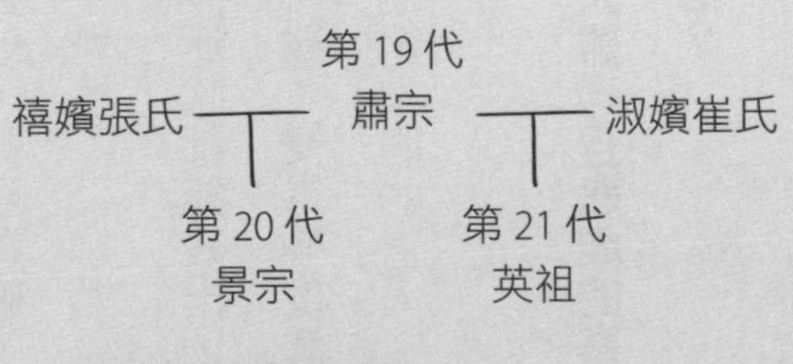

▲ 英祖時期譜系圖

不知道是不是因為自卑，英祖非常認真讀書，也許是為了不讓朝臣覺得自己有所不足。不過，世事總是無法盡如人意，英祖在子嗣上就相當不順，第一子早夭，而後七年思悼世子才出生。思悼世子是英祖年過四十才獲得的老來子，可想而知他有多高興。

思悼世子小時候非常聰敏，英祖感到很驕傲，對兒子寄予厚望，不過卻因此產生副作用。其實思悼世子不是學者型，而是藝術體育型，硬要他坐在椅子上乖乖讀書，反而會失去對讀書的興趣。剛開始表現出色的孩子，之後越來越不成器，英祖感到非常失望，並漸漸轉變成怨恨。

由於**英祖在位時間長，所以思悼世子也是韓國史上在位最長的世子**。說白一點，世子就像實習員工，是為了成為國王的實習過程，直到繼位為止，要不斷證明自己有資格成為君王，由此可知壓力會有多大。

再者，英祖處處干涉兒子的大小事，不僅會在大臣面前嚴厲問責他，甚至在聽了他說的話後，為了表達自己的不滿，還會掏洗耳朵。

極度壓抑的思悼世子，逐漸變得異常，這點從他身上發生的很多症狀都能看出，其中一個是衣帶症[20]，也就是說，沒辦法好好穿衣服，會感覺像被勒住一般。變得極度敏感的思悼世子，時常會命人拿衣服來更換，控制不住自己時，還殺了幫他穿衣服的宮人。父親的執著與不滿，最終導致兒子發瘋。

英祖事後將自己的兒子關進米櫃中致死，這也是朝鮮史上最令人難過且悲劇的事。大家一定會想問，身為一國之君，不管再怎麼怨恨兒子，怎麼能殺了他？

事實上，當時朝中還有一股勢力在主導思悼世子的死，那就是當肅宗繼承者問題浮上檯面時，幫了英祖一把的老論，因此，他多少得看老論的臉色行事。所以當老論站出來，並上疏直指思悼世子行為脫序時，英祖也感到相當頭大。

英祖眼看兒子越來越悖離君王之路，能阻止這一切的只有他，在身為父親之前，自己先是一國之君，因此為了國家的未來，便忍痛下了決定。

一視同仁，任用賢才

英祖之後繼位的是正祖，他既是英祖的孫子，也是被關在米櫃中致死的思悼世子的兒子。英祖為了讓聰慧的正祖登基，還把他過繼在早逝的長子名下，由於思悼世子是罪人，而罪人的兒子無法當國王，因此英祖便幫正祖「洗血統」。

正祖不同於他的父親，並沒有辜負英祖的期許，認真接受成為君王的課業，然後在英祖過世後繼承王位。

正祖小時候曾親眼目睹父親的悲劇，沒想到在他成長過程中處於生命危險中，因為有

20　編按：思覺失調症的一種。

太多人想要阻止他成為君王，尤其是主導思悼世子之死的老論。他們覺得：「世孫正在磨刀霍霍準備報仇。」、「萬一世孫繼位，一定會拿我們開刀。」畢竟之前已有相似例子，燕山君在聽聞自己生母死亡的原因後暴走，故而臣子們對正祖抱持很複雜的心態。

正祖非常善射，如果要選出朝鮮時代神射手，應該就是太祖李成桂和正祖。雖然正祖善射並不像太祖一般廣為人知，但他其實也擁有百發百中的實力。只不過正祖說，百發百中太不符合人性了，因此故意射偏其中一發。

然而，正祖和太祖善射的原因卻大不相同。太祖是因為興趣，而正祖是為了活命。正祖身邊危機重重，甚至在他即位初期，還有刺客大半夜潛入宮中意圖刺殺，這是朝鮮史上第一次，外部勢力與宮中的宦官勾結所致，連近在咫尺的人都可能起殺心，正祖又如何能安睡。

但正祖並沒有把時間浪費在報仇上，他登基後所說的第一句話就是：「我是思悼世子的兒子。」爺爺英祖好不容易為他洗白，而他卻據實相告。底下的臣子們嚇了一跳，他們本來好奇君王在就任大典上會說些什麼，又有什麼樣的願景，偏偏正祖不按牌理出牌。在場的老論們雞皮疙瘩都起來了，害怕朝堂又要掀起腥風血雨，忍不住不安。

然而，正祖跟燕山君不同，他表明自己是思悼世子的兒子，雖是想恢復父親的名譽，卻沒有將此事和政治綁在一起，公歸公私歸私。當然，正祖也是人，這樣做真的很不容易，縱使內心想與自己對立的老論們一決勝負，不過只要老論當中有聰慧的人，他仍會予以任用。

正祖延續英祖的盪平策，只不過風格有點不同。英祖的盪平策是一種物理性的配套措施，也就是平衡各方勢力，而正祖則是任用有能力的人，不論他是什麼黨派，也就是說，不是上次先用了老論的人，這次就該用少論的人，藉此展現偉大的領導者風範。

因為正祖本身卓越的能力，以及他一視同仁的重用人才，所以朝鮮才能延續英祖時代的經濟文化發展，變得更為繁榮，這也是正祖時期被評價為朝鮮後期的顛峰的原因。

獎勵商業活動，推行新都市計畫

如果說朝鮮前期有世宗，那麼後期就有正祖。他們兩人有很多的共同點，首先，他們都做了很多事情，尤其是正祖非常喜歡工作，簡直是工作狂。他不僅聰慧又相當勤勞，據傳經常徹夜讀書或理政，正祖最喜歡看東西，閱讀即為他的日常生活。

正祖的另一個喜好便是跟臣子們論事。君王多和朝臣討論自然是好事，不過正祖的問題是，他無時無刻都想跟大臣商議。只要開了頭，就會沒完沒了，通宵更是基本。正祖就是這麼享受工作並喜歡與人討論，也因此留下非常多功績。

說到正祖，最先想到的是奎章閣，如果說之前世宗為了選拔人才設置集賢殿，那麼正祖則是為了養成人才設立奎章閣。奎章閣是王室圖書館，同時也是研究學問的機構，正祖創設「抄啟文臣制度」，藉以選拔年輕有為的人。

所謂抄啟文臣制度是指從中舉的舉人中，挑出未滿三十七歲者送到奎章閣接受再教育的制度。朝鮮的科舉制度相當困難，每三年才舉辦一次，一次只選出三十三名，等於是全國第一名到第三十三名才能中舉。再加上賭上家族的榮耀，因此所有人都非常認真準備。好不容易考上的儒生，又送他們去奎章閣念書，這麼做是為了把有才能的人培育成實戰型人才，正祖有時也會親自教導奎章閣的學生。

正祖的個性有點不近人情，就算是抄啟文臣，也應該要放假，但如果臣子說要去休假，正祖便會說：「我最近正在構想某件事，剛好你休假，那便趁著休息想想方案。」也就是說，放假還指派工作給朝臣。

這還沒完，大概假期過了一半，正祖就會寫信來詢問：「你休假過得如何？之前我交代你的事，想好了嗎？如果有什麼想法，再回信給我。」雖然正祖是一名偉大的君王，不過他若作為上司，應該會被部屬討厭……。

正祖培育的抄啟文臣中，最具代表性的人物是丁若鏞。雖然丁若鏞在正祖死後被流放，但據說，他在流放地也是以正祖的方式教育弟子。丁若鏞是奎章閣的優等生，據聞他每次在奎章閣繳交作業時，都會提出具有革新性的回答，正祖非常欣慰。而實際上，丁若鏞也參與正祖的許多政策，其中之一就是建設水原華城。

丁若鏞奉王命設計水原華城，為了建造華城，他還發明了舉重機。水原華城是正祖在恢復其父名譽的過程中所蓋的，因為他覺得思悼世子的墳墓太過簡陋而備感痛心，故而想將父親的墓遷移至水原，這才建造了華城。

還有，正祖希望創造一個新的商業都市，讓百姓們移居至此，說白一點就是新都市計畫，而實際上水原華城也與其他的城廓不同，到處都是能防禦敵人入侵的設施與訓練基地，同時還具備能聚集全國商人在此進行商業活動的機能，由此便能窺見正祖想要創建一座最棒都市的意志。

正祖相當獎勵商業活動，不容許壟斷勢力。當時，只有接受國家許可的市廛（音同禪）商人才能在鍾路行商，可以說是一種獨權，也就是「禁亂廛權」。亂廛指的是未經官廳許可販售商品的商店，而禁亂廛權便是禁止這種商店的權力。市廛商人只要發現亂廛商人販賣和他們相似的東西，就會驅趕他們。

而正祖廢除禁亂廛權，也就是說，除了國家需要的六矣廛[21]之外，不能阻止亂廛銷售物品，任何人都能隨心所欲行商，這在韓國稱為「辛亥通共」。

若要說到正祖的其他功績，應該就是編纂書籍，他獎勵實用性學問，因此有很多實學書籍問世。正祖本身也整理相當多的書籍，他非常喜歡李舜臣，喜歡到處收集李舜臣的所有紀錄，並編輯成書，而《亂中日記》的書名正是他所定。

看正祖的功績就能想像他有多聰明。太宗用魄力來壓制群臣、肅宗以正統來震攝群臣，而正祖則是以理論來說服群臣。他說話總會引經據典，記憶力也很好。正祖不是說「論語中有言……」，而是「在論語第幾頁第幾行……」。

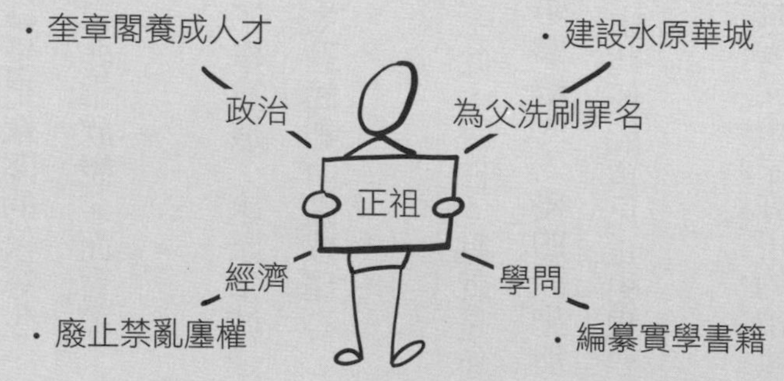

▲ 正祖實行各項政策，使朝鮮後期迎來另一波顛峰

討論過後，臣子們去翻閱論語，真的如正祖所言，在相對應的位置找到那句話。

正祖事必躬親，在教導臣子時也是親自出題、評分。當然，他還在位時當然沒問題，所有事情都很順利。但萬一不在了該怎麼辦？誰能來填補這個空白？然而，擔憂的事果然發生了。正祖突然猝死，年僅十一歲的純組繼位為第二十三代的王。純祖一登上王位，就有很多勢力虎視眈眈，朝鮮也就此走向衰敗之路。

21 編按：布匹、綢緞等。

07 外戚專政與農民起義

勢道政治是指由外戚獨占權力，且隨心所欲決定國家大小事的政治形態。正祖之後，從純祖、憲宗一直到哲宗，六十多年間，朝堂都是如此。安東金氏與豐壤趙氏等勢力，透過與王室聯姻取得權力，並隨意指點江山。

第二十四代王憲宗是純祖的孫子，年僅八歲便即位，是所有朝鮮君王中，最小年紀就登基的人。本就衰敗的王權，加之年幼繼位的王，還能有什麼力量？

英祖和正祖在位期間，朝臣們根本不敢胡來。雖然那段時間被稱為朝鮮後期的文藝復興時期，但對臣子而言，可能是黑暗期。已經嘗過權力滋味的勢道家族們，又怎麼會想要迎接一位強勢的君王？

所以，他們乾脆扶持傀儡國王。憲宗在二十多歲時過世，膝下無子，因此大臣們就迎回在江華島種田的哲宗擔任第二十五代的王。

哲宗雖然是王族，但他因爺爺捲進謀逆事件，全族都被流放，因此根本沒受過正統的君主教育，不過這也剛好符合任人擺布的條件。最終，外戚們為了要為所欲為，將哲宗推上王位。

賣官鬻爵，百姓成最大受害者

勢道家門的惡行真的到了罄竹難書的地步。他們不擇手段斂財，最具代表性的斂財手法是「賣官鬻爵」（鬻音同玉），也就是販售官職。花大錢買官位的官吏，為了回收自己付出去的錢，上任後便開始搶奪百姓的血汗錢，編列各種稅金名目拚命斂財，導致朝鮮的稅金制度完全崩壞。

朝鮮後期的稅金制度稱為「三政」：田政、軍政與還穀。田政指的是土地所出的稅金。軍政是指軍布，當時十六歲到六十歲的男性須為國家提供勞動力，或是以一匹布來免役，這就稱為軍布。還

朋黨（宣祖）→ 換局（肅宗）→ 盪平（英祖、正祖）→ 勢道（純祖、憲宗、哲宗）

▲ 朝鮮後期政治型態的發展

穀是一種救濟百姓的政策，在沒有糧食的春天，借穀給百姓，等到秋收之後，再算上利息歸還國家，而利息也能充盈國庫。

貪腐的官吏當然不可能按照制度執行。其中問題最多的就是軍布。貪官們為了多徵收稅金，要求超過六十歲以上的老人，甚至是剛出生的小孩皆要繳納軍布。本來只需要繳交一匹布的男性，現在需要繳交兒子的、年邁老父親的，甚至是已過世的爺爺的，變成一共要繳交四匹布。

如果有人受不了逃跑，就會轉嫁在左右鄰居身上，百姓們真是有苦說不出。所以，丁若鏞在其著作《牧民心書》中提及，生孩子是罪過，甚至還記錄了有百姓用鐮刀割掉生殖器的事件。大家一定難以想像，當時人民想要活下去有多艱難。在只顧自己死活的勢道政治下，朝鮮漸漸出現大廈將傾的頹勢。

農民起事，夢想平等

當社會開始陷入混亂時，人們往往會有新想法，且夢想新世界。百姓們之間開始流傳講求平等的天主教與東學，而非重視階級的性理學。因此，百姓們的意識也隨之轉變，開始會思考一樣都是人，憑什麼要因身分差異而遭受不公平的對待？

本來就已經覺得不公，統治階層還橫行暴斂，讓百姓忍無可忍。全國農民起義如雨後春筍般出現，最具代表性的就是平安道的洪景來起義，還有從慶尚道開始的壬戌起義。

平安道從以前開始就是飽受不公平待遇的地區。平安道出身的人，就算考中科舉也很難出仕任官。由於其地理位置屬於朝鮮往中國的貿易通道，因此工商業相當發達，卻也因此被剝削得更加嚴重。洪景來對於地域差別與社會矛盾，還有百姓悲慘的生活相當憤怒，所以聚集了沒落兩班貴族、商人與農民們一同起義。

朝廷好不容易平定全國各地的起義。哲宗在成王之前曾過著平民的生活，意識到問題的嚴重性，因此他立刻控制三政的混亂，甚至還派出暗行御史[22]來揪出貪官汙吏。不過當時朝鮮的腐敗已經病入膏肓，哲宗的努力成效甚微。哲宗雖然有改革意志，但對上勢道家族無異是以卵擊石，每每以挫折收場，這就是弱勢君王的悲哀。

22 編按：只接受國王命令祕密進行巡行，探訪地方貪官，屬於臨時性官職，也是朝鮮特有的官職。

第5章

日帝強占，催生出大韓民國

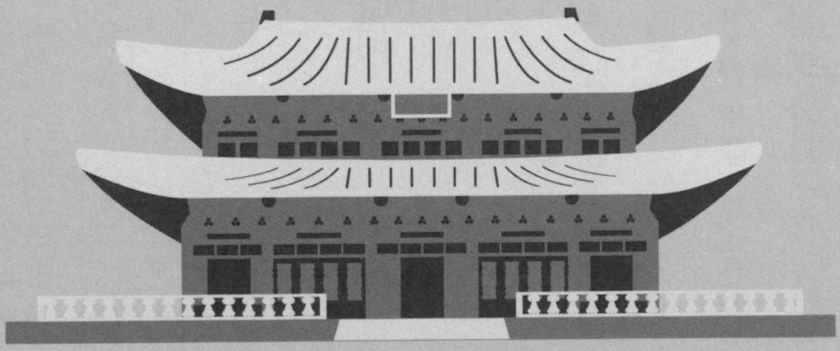

01 開港，從此踏入資本主義世界

前面將韓國前近代史分成三個時期，近現代史同樣也分為三階段。分別是一八七六年到一九一〇年的開港期、喪失國家主權直到一九四五年光復的日帝強占時期，以及從光復到至今的現代。

在韓國近五千年的歷史中，近現代史僅僅不到一百五十年，雖然比起前近代史來得短，但這段時間所激起的歷史漩渦卻很大。

從穿著韓服高喊著性理學的朝鮮，到身穿西洋式的服裝，吶喊自由民主主義的今日，時代的變化就在轉瞬之間，而這一切起於朝鮮開放門戶的開港期。

興宣大院君讓朝鮮貴族從軍

哲宗後繼無人，因此勢道家族們便又開始尋找傀儡，但聰明的王室成員幾乎都被誣陷，不是被流放就是被殺死。興宣大院君雖是王族，卻懂得藏拙，這才撿回一條命，其子也順勢成為第二十六代王高宗。因為當時高宗年僅十二歲，所以由興宣大院君代為處理政事。

十九世紀高宗即位，朝鮮正陷入劇烈的混亂中。對內有橫行霸道的勢道家門，對外有要求開港的西洋勢力。這是需要改變的時機，因此代為攝政的興宣大院君大舉推行改革。

興宣大院君的改革三大關鍵：強化王權、穩定民生，以及拒絕通商建交。

首先，當務之急是要把這些勢道家族處理乾淨，為之後兒子親政鋪路，興宣大院君率先廢除備邊司，以強化王權。

備邊司本來是討論軍事業務的臨時機構，壬辰倭亂後，

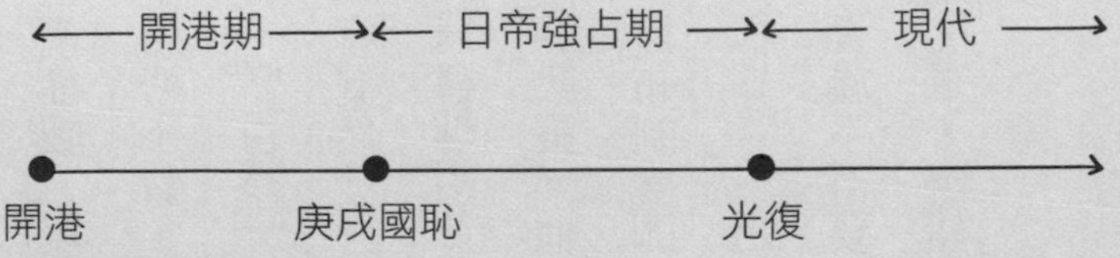

▲ 區分近現代史時代

其權限不斷擴大，成為能決定國事的最高機構。勢道家門藉由掌握備邊司取得大權，一旦廢了這裡，算是清理勢道家門的祕密基地。

其次是重建壬辰倭亂時被燒毀的景福宮，為的是再次建立衰退的王室權威。現在我們看到的景福宮，就是這時重建的。然而，興建宮殿不僅是大工程，更是所費不貲，但問題是王室並沒有錢，興宣大院君為了解決這問題，竟然發行高面額的貨幣「當百錢」。

當百錢的價值高達常平通寶的一百倍。大家不妨想想，現在韓國政府突然發行五百萬元的紙鈔，必定導致通貨膨脹。當貨幣價值變低，物價飆漲時，百姓們只會越困苦。

事實上，興宣大院君本來是打算在強化王權之後，才推行穩定民生的政策。他也曾試圖解決三政混亂，其中最具代表性的就是「戶布制」。戶是家的意思，戶布制度即家家戶戶以軍布來繳納稅金的制度。

重要的是，這裡所說的「家家戶戶」亦包含兩班貴族。在這之前，貴族不需要參軍。簡單來說，一般百姓雖要參軍，不過可以用軍布來取代；而貴族們毋須從軍，自然不用繳納軍布，但興宣大院君選擇一視同仁。

貴族們當然大力反對，因為不從軍是朝鮮貴族的特權，再加上軍隊是下等人去的地方，他們沒辦法忍受自己和這些人遭受一樣的待遇。但興宣大院君堅決不退讓，最後強行實施戶布制，可謂是動搖既存秩序的重大改革。

如果要我挑選出朝鮮前中後期的三大改革家，第一位是中宗時代的趙光祖，第二位是完成大同法的金堉，最後是興宣大院君。興宣大院君試圖把即將要沉沒的朝鮮重新拉回正軌，且為黑暗的朝鮮點燃最後火花。

拒絕與外國通商建交

談到興宣大院君時，不得不提到拒絕通商建交。十九世紀，世界被帝國主義串聯，興宣大院君面對「西勢東漸」，也就是西洋勢力漸漸延伸到東方，覺得應該要緊閉國門，他相信，這樣才能確保國家安全，但外國勢力早已將觸角伸進朝鮮。西洋船隻在海岸邊叫囂撒野，不斷要求通商，國內也有法國傳教士在宣揚天主教。

興宣大院君命人將天主教徒抓起來並處刑，數千名信眾被殺死，其中還包含九名法國傳教士，此事件稱為「丙寅迫害」。法國得知此事後，出兵攻入江華島，同年，也就是一八六六年發生「丙寅洋擾」。

法軍以先進的強力武器占領江華島，並提出兩個要求，其一是要求處罰主事者，其二是締結通商條約。但朝鮮不接受，決定奮力抗戰到底，而法國也礙於朝鮮的氣勢，最後只能選擇撤離。

然而，法軍沒有直接離開，他們洗劫保存王室圖書和古文資料的江華島外奎章閣後，並放火燒了該建築物。這些被偷走的文物，現今放置在法國的博物館或圖書館。其中，最具代表性的王室活動報告書，也就是外奎章閣的軌儀，現在以長期租貸的方式返還。

不只如此，同年，美國商船謝爾曼將軍號進入大同江，並威脅如果不答應通商，就要打到平壤，劫掠民家、殺死無罪之人。平壤軍民非常生氣，燒了謝爾曼將軍號，這便是謝爾曼將軍號事件（General Sherman Incident）。一八七一年，美國以此為藉口攻打朝鮮，史稱「辛未洋擾」。

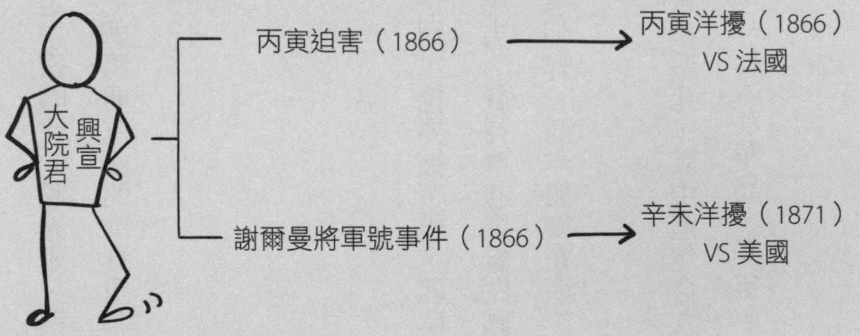

▲ 興宣大院君拒絕通商建交所引發的後續效應

當時美國經歷南北戰爭，正驅逐印地安人並向西發展中，相當驍勇善戰，而朝鮮則歷經丙寅洋擾與辛未洋擾，死了非常多人。朝鮮能做的就是小心對抗。根據參與辛未洋擾的美軍將領對朝鮮軍的描述如下：「他們不知道什麼是投降，沒有武器就抓地上的石頭和土來丟。」朝鮮人抱著必死的決心，終於成功驅逐法國與美國。

之後，興宣大院君為了表明不和西洋勢力通商建交，在全國各地設立斥和碑[1]，上面寫著和外國建交等同於賣國。

對內圖謀強化王權、穩定民生，對外拒絕通商與建交，這就是興宣大院君十年間的改革內容，各有功過。興宣大院君雖然對改革竭盡全力，不過比起國家未來發展，反而夢想重返過去王朝的榮光，或許這也是未能更進步的原因。

江華島條約，從此踏入資本主義世界

一八七五年，興宣大院君掌權十年後，這時高宗二十二歲。臣子們上疏要求還政於高

1 編按：斥和碑上書：「洋夷侵犯，非戰則和，主和賣國，戒吾萬年子孫。丙寅作，辛未立。」

宗，所以興宣大院君下臺，高宗開始親政，不過，嚴格說來這次還不能算是真正的親政。

高宗的執政過程可分成三個時期。第一是由父親興宣大院君協助攝政，第二是與夫人明成皇后[2]共同掌權，最後則是他一人統治大韓帝國。高宗小時候，由父親左右國政，長大後，則被以明成皇后為中心的閔氏勢力掌握了政權。

閔氏一派與新宣大院君的路線不同，他們認為，必須與外國建交，而朝廷中也出現越來越多支持開放國門的通商論者。

此時，發生日本軍艦雲揚號入侵江華島的事件。由於當時日本打不過美國，不得已簽下《神奈川條約》[3]，所以決定將自己遭受的痛苦加諸在朝鮮身上，他們在海邊架起大砲、要求建交，並隨意測量朝鮮海域，一旦朝鮮反抗，便發動攻擊。

接下來，日本以雲揚號事件為由開始找碴，明明是他們燒毀官廳還殺人，卻硬說是朝鮮先動手，然後硬逼朝鮮答應開港要求。高宗和閔氏政權最後還是答應日本的要求，一八七六年兩國簽訂《江華島條約》。

《江華島條約》對於朝鮮相當不利，明定日本可以隨意測量朝鮮海域，還有若日本人在朝鮮港口犯罪，只能由本國官吏審判等條款。也就是說，就算日本人在朝鮮犯罪，無法用朝鮮的律法治罪。

朝鮮就這樣同意日本的海岸測量權與治外法權，此約一出，其他國家也紛紛要求比照日本的簽約條件。所以，朝鮮不得已只能不斷簽訂不平等條約。

然而，締結《江華島條約》有其歷史性意義，首先，這是韓國與外國訂定的第一個近現代條約。因為這紙合約，讓朝鮮出現在國際視線中，並踏入資本主義的世界，換言之，這時代的第一頁便是從這裡開始寫起。

改革開放的好，百姓感受不到

《江華島條約》後，朝鮮開放港口與外國交易。在此過程中，當然是與政府政策一致的開化派得勢，朝鮮政府

雲揚號事件（1875）→締結《江華島條約》（1876）→開港

▲ 朝鮮開港始末

2 編按：在近代朝鮮歷史中又被稱為閔妃，她所出身的驪興閔氏是朝鮮望族。

3 編按：主要規定日本必須開放下田與箱館（今函館市）兩港口與美國通商，並向遇難船隻的美國船員提供援助，日本鎖國體制就此崩解。

與他們攜手一起推進開化政策。

其中一項是打造新式軍隊，經過丙寅洋擾、辛未洋擾與雲揚號事件，朝鮮終於得知外國武器有多強大，所打造的新式軍隊稱為別技軍[4]，取其學習特別技術的軍隊之意。政府配給新式武器，並委託日本教官予以訓練。

有了別技軍之後，原本舊軍隊的處境就堪慮了，編制從五個軍營縮減成兩個，有大半的職業軍人無預警被解僱，留下來的人待遇也很糟。不要說武器，連軍服都無法準時發放，軍餉更是延遲一年才撥下來。其中米的部分，竟摻雜米糠與沙子，好不容易領到翹首以盼的軍糧，竟然有一半不能吃，軍人們該有多生氣。

這就是改革的雙面性。有人因此得利，同時也有人蒙受損失。當時，改革受災戶是貧民、庶民，但朝鮮政府卻沒能預料到這點，只是一味推動變革。

結果，失業或是沒有確實領到薪水的軍人們，由於生計困難開始反對革新，並在一八八二年引發壬午軍亂，同時，因改革而蒙受損失、心懷不滿的百姓們也跟著參與了。

他們的目標是主導開化政策的明成皇后，以及介入其中的日本公使館。他們不僅襲擊日本公使館，殺害負責訓練別技軍的日本教官，更使明成皇后逃往忠清北道的長湖院避難，可見情況有多緊急。

明成皇后深覺無力收拾這亂象，因此向清求援。清朝軍隊綁架興宣大院君，並在東大門一帶架設砲臺。因為引發軍亂的軍人們大都住在往十里、梨泰院等地，若在東大門架設砲臺，剛好能順利投擲砲彈。

由於清兵的攻擊，東大門一帶變成廢墟，雖然鎮壓住軍亂，但天下沒有白吃的午餐，朝鮮引入外國勢力解決國內問題，並藉以維持政權，而清朝當然不會只是好意幫忙。

清朝事後提出《中朝商民水陸貿易章程》，此條約的關鍵在於允許清朝的商人進到朝鮮內陸行商，雖然說朝鮮與日本簽訂的《江華島條約》也是不平等條約，但只有開放釜山、元山與仁川等貿易港口，不過《中朝商民水陸貿易章程》卻不同，等於讓清朝商人長驅直入，進入朝鮮謀生。

日本也發來了要求，指稱公使館是治外法權的地區，不敵日本壓迫的朝鮮，最終又簽訂《濟物浦條約》。根據該條約，日本得以在朝鮮駐軍。理由是朝鮮政府無法守護日本人，因此日本要自己守護。結果，清朝和日本的軍隊都進入朝鮮，相當荒唐。

4 編按：正式名稱為教練兵隊，是朝鮮歷史上第一支近代化軍隊。

重點整理

壬午軍亂導致的兩大結果

- 清朝幫忙鎮壓 → 干涉朝鮮內政，清朝商人進入內陸。
- 補償日本損失 → 允許日本軍駐紮。

朝鮮貴族主動說要廢除身分制度

清朝干涉內政、日軍進駐國內，這讓很多朝鮮青年感到憤怒。他們不禁懷疑，難道這就是我們所期待的革新？出身名門、成為菁英的他們，開始圖謀更激進的改革，主張為了快速改變世界，不應該只是像日本一樣學習西洋技術，也要接受西方思想與制度。

日本因明治維新在短時間內脫胎換骨，朝鮮也必須像這樣改變。所以，他們在壬午軍亂兩年後的一八八四年挺身而出，這就是甲申政變。

甲申政變發生在韓國最早的郵政總局的開業典禮上，以金玉均為首的激進開化派在附近縱火，宴會場陷入混亂後，趁機攻擊明成皇后的姪子閔泳翊。隨後他們前往昌德宮，假借向清朝發難，誘騙高宗與明成皇后到慶運宮避難，不僅控制國王，甚至成立開化黨政府，發表改革政綱。

改革政綱的核心內容之一是廢除身分制度，位於階級頂端的他們，竟然願意放棄自身權利，嚮往新的世界，真的令人相當震驚。只要想到在一百多年前，年輕族群們夢想著更好的未來，我就覺得非常感動，這也是韓國近代史中非常珍貴的一面。

不過激進開化派的夢想並未能實現，當政府發現苗頭不對，又再度向清朝求助，本來就已經在朝鮮的清朝軍隊快速進入昌德宮。由於激進開化派之前就和日本談好軍事支援，接著日軍也跟著出動，不料兩方在昌德宮對上，並爆發衝突。好在有少數日本軍撤退，衝突因此很快結束，甲申政變僅維持三日便告吹。

其實，清日雙方也都不願起衝突，稍有不慎很有可能演變成全面開戰，兩國後來也發現，若同時駐紮在朝鮮半島，早晚會出事。

因此，甲申政變後，清朝與日本紛紛撤軍，並簽訂《中日天津會議專條》[5]，明定如果任何一國出兵朝鮮，須知會另一國。就這樣，從上開始的改革便畫下句點。

光靠竹槍、農具，就能使國家改革？

一八九四年，甲申政變失敗的十年後，底層民眾發起改革運動——東學農民革命[6]。當時的農民因為改革，生活變得更加困難，其不滿可想而知。

《江華島條約》打開國門後，近代文物快速傳進朝鮮。在一八八〇年時，有了最早的新式醫院廣惠院、最早的郵局郵政總局，還有電等，在夜間也能做事。但蓋這些設施的錢從哪裡來？當然是稅金。稅金增加，農民的生活當然不可能會好，他們感受不到開港的好處，反而覺得日子更加難過。

而且他們也對國家局勢相當不滿，外國勢力干涉內政相當嚴重，清朝軍隊鎮壓壬午軍亂與甲申政變，現在就連日本軍也要來參一腳，在百姓眼中，國家簡直沒有國家的樣子，當農民的憤怒值到達頂峰時，便揭竿而起發動變革。

東學農民革命最早是從全羅北道井邑市的古阜郡開始。軍民們由於無法忍受當地郡守趙秉甲的暴行而起身反抗，綠豆將軍全琫準帶領他的兒子襲擊官吏，將倉庫中堆積的穀食與財物全部分給村子裡的人，並處罰衙役、釋放冤屈的人。

不只是古阜，東學農民軍為了進攻漢陽，先是占領全州城，但他們沒有像樣的武器，只能拿著竹槍戰鬥，因此不敵受過訓練的官軍。全州是全羅道最重要的都市之一，被稱為韓國穀倉的中心，當時竟然有部分落入農民軍手裡，確實相當令人震驚。

到了這時，想必大家一定會認為，政府總該知道農民們為何如此憤怒，但他們不想著自行解決，反而又慣性向清朝尋求援助。不論是壬午軍亂還是在甲申政變，政府只要一出事就找清朝。

然而，因為《中日天津會議專條》的緣故，如果放清軍進來，日軍也會跟著來。最後，清朝軍隊進入忠清南道牙山，然而日軍卻跑去仁川。東學農民黨是在全羅道起義，究竟日本為何會去風馬牛不相關的地方？

其實，日本一開始就另有目的，想要透過朝鮮強化在國際社會中的影響力。甲申政變時，礙於清朝不得不撤軍。日本認為，如果想要對朝鮮做什麼的話，勢必有一天還是會和清朝槓上，由此可見日本起初便不懷好意。

朝鮮政府這才終於發現，如果稍有不慎，清日兩國就會在這片土地上開戰，因此決定

5 編按：又稱《中日天津條約》或《朝鮮撤兵條約》。中文本原存於中華民國外交部，現寄存於臺北外雙溪國立故宮博物院的庫房保存。

6 編按：又稱東學黨起義、東學農民運動、甲午農民戰爭。

和東學農民軍簽訂《全州和約》。東學農民軍也發現，自己引發外國勢力進入朝鮮，所以承諾會有條件的解散。他們要求政府自主改革和廢除弊政，主要內容是廢除身分制度、燒毀奴隸文書，以及改善賤民待遇。

在甲申政變時，激進改革派也曾請求廢除身分制度，由此可見，解放延續數千年的階級制度，是這時期一定要做的事。

政府在與東學農民軍締結和約後，要求清朝和日本撤軍。但日本不僅沒照做，反而直接進入漢陽、占領景福宮，並控制國王和明成皇后。

他們威脅高宗在寫有「朝鮮不堪清朝騷擾，向日本求助」的文件上用印。由於日本想要和清朝開戰，但缺乏名目，所以乾脆自己創造一個，最終引爆清日戰爭。

全琫準古阜起事 → 占據全州城 → 簽訂《全州和約》 → 改革弊政

↑

清朝出兵

&

日本派兵 → 占領景福宮

⇓

農民軍二度起事 → 牛禁峙之戰

▲ 東學農民革命的過程

就這樣，東學農民軍為了趕走日本軍又再次集結，兩軍在公州牛禁峙對戰，這是一場所有條件都不利於農民軍的戰鬥，畢竟光靠農具和竹槍根本無法戰勝日本現代化的武器和槍，非常多的農民為此犧牲，而以全琫準為首的東學領導者全部被處死。

如同甲申政變一樣，東學農民革命最終也以失敗作終。不過也因為有他們的嘗試，才讓人們更接近夢想的世界。

02 抵抗外敵，人民比皇帝更積極

一八九四年是相當混亂的一年。東學農民運動後，發生甲午戰爭與甲午改革[7]。甲午改革是霸占景福宮的日軍所要求的，目的是為了讓朝鮮符合日本框架，但當時日本正處於戰爭中，無暇顧及朝鮮，因此朝鮮開化派官僚趁勢而起推動改革。

施行甲午改革後，終於廢除身分制度。宣布這個好消息的地方是景福宮修政殿，修政殿位於勤政殿通往慶會樓的路口，世宗時期曾將此處作為集賢殿使用並創制《訓民正音》，極具歷史意義。

此外，甲午改革還包含廢除科舉制度、允許寡婦再嫁等，是相當劃時代的革新。雖然甲午改革起於日本的壓迫，卻也反映出東學農民軍的諸多改革案。

隨著時間推進，歷時十個多月的甲午戰爭以日本勝利作結，日本開始更積極介入朝鮮事務，而閔氏勢力為了突破此困境，拉攏列強俄羅斯，目的是想透過俄羅斯來牽制日漸擴張的日本。

日本發現後，便計畫暗殺明成皇后。最後，日本自衛隊侵入景福宮，並殘忍殺害她，這正是一八九五年的乙未事變。

乙未事變後，日本更強力推進變革，稱為乙未改革[8]。此時，朝鮮開始使用太陽曆，也頒布了斷髮令[9]。日本只想讓朝鮮所有體制都仿效本國，完全不考慮既有文化，變革方式相當暴力。

高宗選擇與俄羅斯站一邊

明成皇后被殺害後，高宗這才驚覺自己有多危險。竟然有人

7 編按：又稱甲午更張。
8 編按：又稱乙未更張，是甲午改革的延續。
9 編按：朝鮮金弘集親日政府頒布詔勅，要求所有朝鮮成年男性剪髮髻的命令。斷髮令是甲午更張諸項政策中執行力度最強、範圍最廣的改革措施。

甲午改革（1894）→甲午戰爭→乙未事變（1895）→乙未改革

日本（勝）

▲ 日本在朝鮮不斷推行變革

敢衝進王宮殺死自己的夫人，這是多麼可怕的事。他深知總有一天也會遇到類似的事，內心越發不安。高宗即位以來，先是活在父親的陰影之下，而後又退居能幹的妻子身後，總活得像二把手，而這也是他的政治初體驗，第一次能自己下決定。

高宗的第一個選擇是「俄館播遷」。俄館是指俄羅斯公使館，而播遷指的是國王逃到其他地方避難，也就是說，高宗逃離景福宮到俄羅斯公使館避難的事件。

因為高宗來到俄羅斯公使館，所以俄羅斯對朝鮮的影響力瞬間變大。在這之前日本的影響力是絕對的，但由於俄館播遷，讓日本跟俄羅斯形成旗鼓相當的局面。從某個角度來看，說不定這是高宗的神來一筆，讓日本和俄羅斯相互牽制，誰也不敢輕舉妄動。

一八九七年高宗回到慶運宮，也就是現今的德壽宮，並宣布成立大韓帝國。帝國是指皇帝的國家。朝鮮本來是國王的國家，現在則變成皇帝的國家。高宗在圜丘壇[10]舉行皇帝即位儀式，並定年號為光武，因此高宗推行的改革就是光武改革。

光武改革是承前啟後，高宗為了使工商業發達，設立各種公司與技術學校。街道上開始有電車行駛，也開通京仁線[11]，且引進電話，所以他還會用電話向臣子布達命令。這對當時的人而言，是相當驚天動地的事，隨著世界快速變化，人們的思想也逐漸改變。

或許這時期對高宗來說，擁有改變國家命運的機會。但當他因俄館播遷躲避到俄羅斯公使館時，徐載弼等開化派知識分子成立獨立協會，鼓吹獨立自主運動，另外，也創立韓國最早的近代民眾大會「萬民共同會」，其成立宗旨也是如此。萬民共同會一如其名，不論年紀與身分，誰都能參與的集會，許多人站出來反對俄羅斯干涉內政及奪權。

這是因為俄羅斯不僅掌握採礦權與山林砍伐權，還奪取各種權利。之前我們不是說過，天下沒有白吃的午餐，俄羅斯自然也不會平白無故幫助高宗。

而萬民共同會的力量超乎想像，本來俄羅斯想在絕影島上設置煤炭供應基地，但在會眾的強烈抗議下不了了之。我不禁想，高宗如果能相信百姓，並跟百姓站在一起，結果不知道會變成什麼樣子。

然而，隨著獨立協會的活動越趨活躍，高宗卻感到更加不安。因為激進改革無疑是對王權的挑戰。最終高宗解散獨立會，且禁止百姓集會。

高宗親手燒掉自己手上的最後一張王牌，這是因為他把自己的權力放在了國家之前，真的非常可惜。雖然說歷史上沒有「假如……。」但若政府能和百姓團結一致，我們的命

10 編按：又稱祭天壇，是朝鮮君主祭天的祭壇，位於韓國首爾，性質與中國的天壇相似。
11 編按：韓半島第一條鐵路。

運是否會有所不同？

重點整理

開港後的發展進程

江華島條約↓壬辰倭亂↓甲申政變↓東學農民運動↓甲午、乙未改革↓俄館播遷↓大韓帝國成立。

沒軍隊也沒主權

雖然高宗以光武改革試圖撐起大韓帝國，不料本來維持和平關係的俄羅斯與日本就此開戰。日俄戰爭的勝利者也是日本，現在再也沒有什麼勢力能阻擋得了日本。甲午戰爭後，清朝退出韓半島，日俄戰爭後，俄羅斯也離開了，現在只剩下日本。

取得韓半島獨占權的日本，開始剝奪朝鮮的外交權。伊藤博文派遣日本政府的代表「統監」，強迫高宗簽署同意將外交權移轉的《乙巳條約》。高宗為了拖延不簽，故意不見伊藤博文，伊藤博文隨即逼迫眾大臣在條約上蓋章，以李完用為首的五名大臣因積極參與此事，被稱為乙巳五賊[12]，在歷史上留下汙名。

《乙巳條約》由於沒有大韓帝國統治者高宗的簽名，因此是無效的，畢竟那些大臣也沒拿到高宗的委託書。高宗為了讓全世界都能知道該條約的不正當性，因此派遣特使前往正舉辦萬國和平會議的荷蘭海牙，最終因日本的妨礙而徒勞而返。

國際社會是相當冷酷的，列強所說的和平是指列強之間的和平，而實際上，正在被帝國主義踐踏的國家們是沒有任何力量的。

日本藉由海牙特使事件逼迫高宗退位，理由是不經日本允許便做出外交行為，真的是令人哭笑不得的原因。**沒有外交權的國家，就等於喪失主權，再也沒有辦法從事對外活動**。一九〇七年，日本讓高宗的兒子純宗即位，並簽下《丁未七條約》，此條約的核心內容是解散大韓帝國軍隊。

先是被奪走外交權，接下來是解散軍隊，**大韓帝國最終在一九一〇年八月二十九日喪失國權**。韓國光復節雖是八月十五日，但我們似乎也應該記住被日本強占的日子。

12 編按：分別是李完用、李根澤、李址鎔、朴齊純、權重顯。

八月二十九日這一天，日本用一紙條約，將大韓帝國併入日本帝國，雖然為了合理化自己的行為，使用「韓日合併」這樣的詞，但事實上，是屈服於日本的威逼不得不被迫接受合併，這也是韓國史上所謂的「庚戌國恥」。

在喪失國權這種史無前例的事件下，權力被架空的高宗，能做的其實並不多。

抵抗日本侵權，人民比皇帝更積極

大韓帝國的百姓們不同於皇帝，想盡辦法挽救日暮西山的國家。前面曾提及，締結條約時，有很多反抗事例。

首先，當日本在日俄戰爭中取得勝利時，全國各地發起愛國啟蒙運動，愛國啟蒙運動的思想基礎是培養實力以恢復國權，其中，安昌浩主導的新民會就是主要代表，新民會在全國各地建立學校、培植人才。

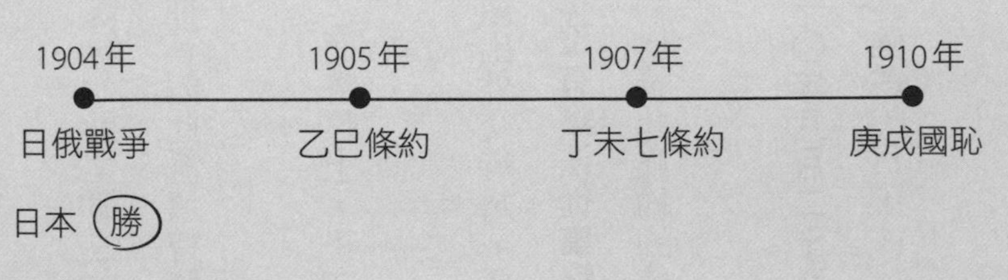

▲ 國權被奪過程

另一方面，他們也發現民族資本的必要性，因此在各地成立公司。他們主張以共和政治取代衰弱的王朝體系，不過，後來他們頓悟到以這樣的方式無法恢復國權，最終前往中國滿洲成立獨立基地，並在那裡開始培養獨立軍。

一九〇七年大邱發生「國債報償運動」。百姓們知道政府在日本的強迫下，背負龐大國債，因此自動自發站出來幫忙還債，男性們戒菸，女性們捐出自己的髮簪與戒指，由此可以看出百姓們守護國家的心有多麼懇切。

另外，也有人拿槍站了出來。一九〇五年簽署《乙巳條約》時，乙巳義兵挺身而出；一九〇七年簽訂《丁未七條約》時，被解散的軍隊加入成為丁未義兵。全國十三個道的義兵們組成聯合部隊，並試圖攻打漢陽，雖然進攻失敗，但抗日戰爭卻沒有因此停止。

韓劇《陽光先生》即是以二十世紀初的大韓帝國為背景，劇中可以看見抗日義兵們的模樣。連續劇中，還有一幕是描寫英國戰地記者訪問義兵們的場面。記者問義兵們說：「你覺得自己能戰勝日本嗎？」

義兵們回答：「我們雖然勇敢，但武器不足。這樣繼續戰鬥下去，免不了一死，但與其成為日本的奴隸生活著，我們寧願以自由之身戰死。」這些年紀與職業都各不相同的義兵們，拋頭顱灑熱血，決心與日本抗戰到底。

面對日本的侵略，也有人選擇壯烈犧牲。安重根在一九〇九年的哈爾濱車站，暗殺主導《乙巳條約》與《丁未七條約》的伊藤博文，並高喊大韓帝國萬歲。即使在被判決死刑時，安重根依然正義凜然慷慨赴死。

高宗為了保護自己顯露出卑鄙的樣子，對比那些活在當時代的許多人，為了守護國家而奉獻青春與財產，甚至是性命，這就是開化期的歷史。

重點整理

民間抵抗國權被奪的行動

- 愛國啟蒙運動：安昌浩成立新民會、大邱發起國債報償運動。
- 義兵運動：組織乙巳義兵、丁未義兵。
- 壯烈義舉：安重根暗殺伊藤博文。

03 三一獨立運動，朝鮮不再是帝王家

庚戌國恥後，日本派遣總督並設置總督府來管理殖民地。總督府就坐落在景福宮的前庭，這是為了阻斷景福宮的風水格局，周圍的亭閣變成廢墟，光化門也被移動位置。

日本不僅搶奪大韓帝國的國權，也開始行強占之實。推動的第一個政策是武斷統治，簡單來說，是以武力與暴力來鎮壓一切的政治形態。一九一〇年代日本為了防止韓民族反抗，祭出刀和槍，而武斷統治的關鍵字就是「憲兵」。

憲兵本來是軍事警察，但賦予一般警察的職責，讓他們來對付百姓。就算只是一般人，也會成為憲兵的目標，所以武斷政治又稱為憲兵政治。

當時滿街都是憲兵，而且他們還擁有立即裁決權。意思是不經法律程序，就能立刻懲罰人，而主要的處罰是笞刑。鞭打人的笞刑，其實是一種近現代的刑罰，甲午改革時早已

被廢除，不過日本卻只對韓國人施以笞刑，其原因顯而易見。憲兵們只要稍微不滿或是覺得礙眼，隨便都可以把人抓去關，試想當時人們的內心會多麼恐懼？

日帝強占期最先施行的經濟政策是土地調查。雖然打著要明確土地所有關係，才能確保稅金問題，但實際目的是奪取土地。畢竟有了殖民地，當然要先擴張土地。

地主需要申報土地的種類、地址與面積等，才能得到所有權，但這程序非常繁瑣且複雜，就算用韓文寫都不見得能懂它的意思，何況還要叫地主填寫全是漢字的申請表，他們心中又該有多煩躁。此外，申報期限也很短，沒有申報的土地就被視為是無人的土地，全部歸為朝鮮總督府所有。

下一步是頒布會社令，也就是說，成立公司需要經過朝鮮總督府的許可。現在成立公司只需要按部就班申請即可，但當時是需要有人同意，換言之，只要日本不高興，便可以不給許可證，阻斷民族資本的成長之路。

之後，又陸續下達了山林令、漁業令、礦業令等，恣意取用韓半島的山林、漁產與礦產資源，隨著掠奪日漸加速，國民的處境越顯艱難，這時不論是在政治上或是經濟上，都是既寒冷又難熬的時期。

抗日組織只能祕密結社

現在讓我們來了解一下這時期的抗日團體活動。之前曾說過，一九一〇年代日本決定實行武斷統治政策，街上滿是憲兵，抗日團體難以發起公開活動，因此國內只能以祕密結社的方式進行，最具代表性的組織是新民會。新民會成立於大韓帝國末期，在日帝強占期也持續活動。

但一九一〇年末，正在募集資金成立武官學校的安明根被舉報，本來就對抗日運動虎視眈眈的日本，決定趁此機會將這些愛國人士一網打盡，因此欲把暗殺總督的罪嫌強加到他們身上，這就是「安岳事件」。

日本宣稱要找出暗殺總督背後主謀，在全國逮捕六百餘人，大都是新民會成員。雖然之後都因罪證不足被釋放，不過其中有一百零五名被判有罪，因此又稱作「一〇五人事件」。這是為了壓制新民會，蓄意汙衊他們暗殺總督未遂，結果隔年新民會就解散了。

事實上，南部也有很多祕密結社團體，例如：全羅道地區有林炳瓚的獨立義軍府、慶尚道地區有朴尚鎮的大韓光復會。

朴尚鎮的個人經歷相當特別，他在一九一〇年通過法官考試，當時日本打算藉由韓國菁英來統治當地，所以如果當法官的話，一定能過上非常富足的生活，而實際上，也有很多人做了這樣的選擇。

但朴尚鎮絲毫沒有半點留戀遞出辭呈，說：「現在我該坐的，不是法官的位置，而是被告的位置。」他抱持著這樣的信念投身獨立運動，然而十年後，一語成讖的他，坐在日本法官面前，被宣告死刑。

朴尚鎮本來能做一名法官好好活著，卻將他的青春獻給了革命義舉。試想他為什麼做這樣的抉擇？難道是不得不為嗎？這實在值得生活在現代的我們深思。

建設獨立運動基地，準備抗日

若說國內有抗日祕密結社組織，國外則開始有人建設獨立運動基地，現在俄羅斯的海參崴，以前可以分成沿海州、北間島與西間島三個地區。

在沿海州一帶活動的代表人物是崔在亨，當時住在此地區的人叫他「Pechka」，意即俄羅斯的暖爐，而崔在亨對當地的韓國人來說，果真也像暖爐一樣溫暖。

崔在亨小時候跟著父親來到俄羅斯，因為抵擋不住飢餓離家出走，昏倒在路上，最後被一對俄羅斯船長夫妻發現。崔在亨跟著船長夫妻去到世界各地，學習貿易，並賺了很多錢，他把這些錢都用來幫助在海參崴的韓國人。

嚴格說起來，崔在亨並沒有受過祖國的一點恩惠，他出身貧困的佃農家庭，飽受飢寒交迫。但即便如此，他還是將他的錢全部用在自己的國家上。

他在韓國人住的村子裡開設公司，僱用韓國人，也建立數十所學校。在海參崴的韓國人都因崔在亨而免於飢餓之苦，因為有了工作，子女也能受教育，他們心裡非常感謝崔在亨。所以，如果去住在沿海州的韓國人家中看看，就能看到他們家裡掛著崔在亨照片。

崔在亨同時也是安重根的後援金主。我們只記得安重根義士，卻不曾想過他的活動資金從何而來。有人給他買槍，負擔滯留的開銷，還支付律師費用……這個人正是崔在亨。

因此，日本當然不會放過他，日本軍去到沿海州摧毀獨立基地，並殺死崔在亨，原本住在這裡的韓國人，最後也被史達林（Joseph Stalin）強制遷走。

如果說沿海州有崔在亨，在北間島活躍的則是金躍淵。金躍淵從大韓帝國時期開始，一直到一九一〇年代為止，致力創設獨立基地，尤其相當關注教育。金躍淵建立的學校名稱是明東學校，意思是照耀東方，也隱含養成人才，以期照亮淪為日本殖民地的韓國之意，這就是明東學校的教育目標。

明東學校教導學生口說與寫作，並要求在寫文章時一定要含有「獨立」二字。不論是什麼主題，抑或是問候的信，也要以「在眾人都想要獨立的當下，您過得好嗎？」這樣的方式開頭。因為他們的教育目標相當明確，因此日本沒少刁難他們，最終明東學校只培養出一千多名學生左右就關門大吉。

但不久後，他們的畢業生卻大放異彩。讓韓民族揪心流淚的電影《阿里郎》導演羅雲奎，就是該學校的學生。

雖然現在流傳的阿里郎的歌詞是：「拋棄我而離去的您，走不了十里就會得腳病。」但這並不是民謠阿里郎的歌詞，而是電影《阿里郎》的主題曲。這是羅雲奎將原先的阿里郎重新編成大眾容易接受的樣子，並放入電影中。看著電影的人，跟著劇中離開的阿里郎一起低聲唱著，一直延續到今日。

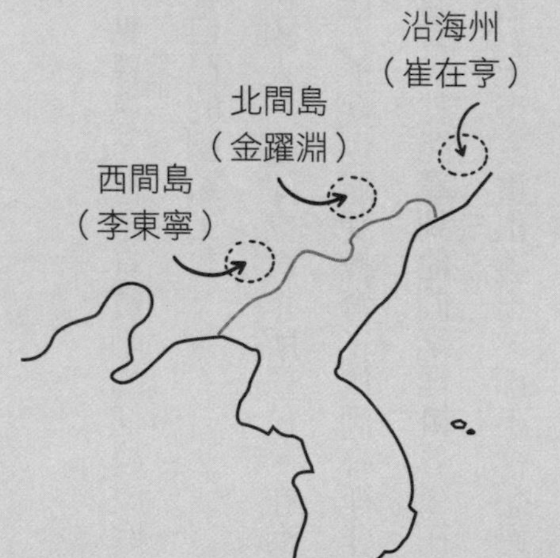

▲ 朝鮮人在俄羅斯海參威各自建設獨立運動基地

統一運動家文益煥[13]，以及韓國人熱愛的詩人尹東柱[14]等，都是該校的畢業生。尹東柱的詩中總是充滿反省和愧疚，或許就是因為受到明東學校的教育，才讓他對無法挺身在歷史與民族面前感到憂心如焚。

就像尹東柱憂國憂民，該校還有一位非常有才能的畢業生，那就是詩人宋夢奎[15]。這也讓我們了解到教育的重要性。

接下來，讓我們到西間島去看看。在西間島活躍的人物，正是李東寧六兄弟。他們六兄弟都是有錢人，其中老二李東寧更是富可敵國，但他們變賣土地，就連傳家的書都處理掉後，渡過鴨綠江來到西間島，並建立新興講習所，簡直是貴族的楷模。

新興講習所是培養獨立軍的教育機關，之後發展成新興武官學校。隨著日本的監視日漸加劇，財政也越來越捉襟見肘，最終只能廢校，不過新興武官學校卻也為一九二〇年代的抗日武裝鬥爭揭開了序幕。

13 編按：是牧師、神學家、詩人和社會運動家，也是韓國著名演員文盛瑾的父親。
14 編按：原名尹海煥。是詩人、朝鮮獨立運動家，也是朝鮮半島近代民族文學代表性人物，有詩集《天空、風、星星和詩》留世。
15 編按：抗日詩人，尹東柱的表兄。一九四五年，在福岡監獄遇難。

三一獨立運動

一九一九年三月一日爆發「三一運動」，在此之前便已埋下抗爭的種子。雖然武斷統治還在持續，但國內有祕密結社組織，國外也成立獨立運動基地，韓民族為了復國，不斷嘗試與努力。三一運動是一九二〇年代獨立運動的頂點，也是一九二〇年代獨立運動的信號彈。

一九一九年二月八日，韓國留學生在東京市中心發布《二八獨立宣言》，要求韓國獨立。當時國際社會處於一次世界大戰後，美國威爾遜總統發表的「民族自決主義」風潮正熾，主張所有民族都有權決定自己的命運，不被其他民族干涉。

但可惜的是，民族自決主義只適用於戰敗國的殖民地，由於日本是第一次世界大戰的戰勝國，因此韓國不適用。不過學生們還是不肯放棄希望，《二八獨立宣言》就是在這種背景下產生的，在日本首都高喊獨立，真的是振奮人心。

二八獨立運動之後，韓國國內也掀起獨立宣言的風潮。然而這時，高宗卻突然死亡。日本毒殺高宗的傳聞甚囂塵上，人們因此動搖與憤怒。民族代表與學生們，決定以國葬為契機，舉辦示威活動。

剛開始時，示威預計在三月三日喪輿（靈車）出行時進行，但在國王出殯日高呼萬歲好像不太恰當，因此決定換到三月二日。問題是三月二日是星期日，當時參與示威的三十三位代表中，大都是天主教、佛教、基督教等宗教相關人士，因此希望能避開星期日，最後終於拍板三月一日。他們相互體諒，一起進行獨立運動。反觀今日，各宗教因排外主義（Exclusionism）[16]相互攻擊，對照現今，當時的宗教相當具有包容性。

一九一九年三月一日星期六，三十三人代表聚集在首爾泰和館，朗讀獨立宣言書後自首。而這時，聚集在塔谷公園的學生們與市民們接下獨立宣言書，發動了三一運動。這是舉同胞之力的民族抗爭，當時的人口是兩千萬名，卻有兩百萬人參加，幾乎可以說是每個家裡都有一人參加。

三一運動的氣勢銳不可當，不只在都市，連農村也快速擴散，全國各地到處都是高呼萬歲的聲浪。柳寬順作為梨花學堂[17]的學生，也站出來參與示威。在學校關門後，她回到天安，將人們聚集在Aunae集市，並發給大家太極旗。

16 編按：指的是一種排外性的做法。排外性心態的特點是，無視與自身觀點或想法不同的觀點和想法，或是採用通過排除具有某些特徵的實體，而將實體組織成群體的做法。
17 編按：現今梨花女子大學。

即使後來被關在刑務所中，依然在高喊萬歲。經歷嚴刑拷打的她，在花樣般的十九歲離開了人世，一直到她嚥下最後一口氣，都不曾停止她的示威。柳寬順可以說是韓民族的象徵，哪怕日本殘暴鎮壓，也永不屈服的精神。

不幸的是，舉全民族全國之力進行的三一運動，因為缺乏組織力，再加上日本殘酷鎮壓而失敗。也因為這次的挫敗，才讓大家了解到必須有領導者的帶領，大韓民國臨時政府也就此應運而生。

三一運動在歷史上的意義有二。第一，是呼喚民國時代的到來。在這之前，韓國先是王國，而後才是帝國，也就是國王和皇帝的國家，但現在終於民國。在三一運動之前的人們，是受國王或是皇帝的保護，並對他們忠誠的「百姓」。而現在這些人聚集在廣場，為了尋回自身的自由而發聲，真正成為「市民」。

第二，大韓民國臨時政府以此為契機成立，「大韓民國」這個名稱也因此誕生。一九一九年四月十一日是大韓民國臨時政府成立的日子，也是此名字的生日。從這天起，韓國不再是皇帝的國家，而是人民的國家。所以，如果把韓國五千年歷史一分為二，三一運動應該就是分水嶺，由此可見其劃時代的意義。

重點整理

三一運動的意義

- 帝國↓民國。
- 大韓民國臨時政府成立。

04 不能說真話的磚塊新聞報

三一運動後，日本的統治方式產生了改變。之前總想著以憲兵和刀槍恫嚇朝鮮，沒想到根本沒照它的意思走，因此才轉而推行所謂的「文化統治」。我之所以一定要在這裡加上「所謂的」三個字，是因為這不過是他們喊喊的口號罷了。

日本在一九二〇年代推動的「文化統治」，簡言之就是會尊重韓國的本地文化。為了表明自己將以懷柔方式統治殖民地，還將憲兵換成一般警察，並廢除笞刑。雖然表面上看起來情況好像有所好轉，但事實並非如此。

警察的數量不減反增，這也意味著監視體系越來越縝密。在一九一〇年代，必須是軍人出身，才能坐上朝鮮總督的職位，到了一九二〇年代，變成一般市民也能擔任。儘管如此，之後也從來沒有任何一位總督出自民間，所以只是空有規定。

在所謂的「文化統治」的包裝下，允許部分出版與集會結社，也就是說，讓大家可以讀想讀的書、說想說的話。因此，開始出現韓國人開設的報社，像是《朝鮮日報》、《東亞日報》等。

如果大家去看這時候發行的報紙，就會發現字裡行間充斥著很多黑色方塊。這是日本檢查報紙，並消除對其不利的言論的痕跡，在韓國稱之為磚塊新聞。

從表面來看，統治手段好像趨於緩和，但實際上只是換了一種方法來巧妙的壓迫朝鮮。日本將重點放在支援親日團體，或是培養親日勢力等分裂民族的事情上，文化統治只是幌子。

經濟政策也是如此。日本以增產稻米為目標施行計畫，所以必須進行品種改良、研發種子及改善土地等。托這政策的福，產量的確是有所提升，卻遠遠比不上被剝削的量。

當時日本資本主義發達，大部分農民都轉成一般勞動者。因為務農的人減少，因此稻米產量不足，所以想透過朝鮮補給。對於農民而言，能吃的米不僅沒變多，反而還減少。因為米糧不足，價格上漲，再加上，日本還將改良品種與研發種子的費用轉嫁到農民身上，他們的生活更加苦不堪言。

大韓光復會，暗殺日人先驅

一九二〇年代是國外的武裝抗日行動正式開始的時期。這一切都歸功於一九一〇年代開始建設獨立運動基地，並培養獨立軍。而其中最具代表性的就是洪範圖與金佐鎮主導的「鳳梧洞之戰」與「青山里之戰」。

獨立軍在滿洲與沿海州培植勢力，但日本軍卻渡過鴨綠江襲擊獨立軍。洪範圖帶領的大韓獨立軍，在距離圖們江約四十里[18]之處擊潰日軍，這就是「鳳梧洞之戰」，而在此戰中失利的日軍，又轉而攻擊滿洲的獨立軍，這次由金佐鎮指揮的北路軍政署與洪範圖的大韓獨立軍聯合，在青山里一帶展開了六天的鏖戰，最後皆取得勝利。「青山里之戰」是韓國史上獨立軍取得最大成果的戰鬥。

若說這兩場戰鬥都是想要以戰爭來爭取獨立，是韓國武裝抗日之始，那麼在滿洲組織的義烈團，則是選擇以小規模的暗殺來為完成獨立志業。

大韓光復會的朴尚鎮可以說是暗殺活動的先驅，而後人也延續了朴尚鎮的精神。主導義烈團的人是金元鳳，據說當時金元鳳的懸賞金高達韓幣一百萬元，這是日帝強占期中最高的賞金。而義烈團的目標很簡單，便是暗殺日本高官，或在日本統治機關投放炸彈等。

移轉到上海的大韓民國臨時政府也開始了活動，雖然共同目標都是復國，然而內部卻依然紛爭不斷。李承晚向國際聯盟請求代管韓國，不料遭受到很大的反對，民族主義與社會主義陣營的對立，也越來越嚴重。原先各自活動的兩個陣營，終於在一九二〇年代後期決定要攜手同行。

國內有各種反抗運動

日本拋棄武斷統治，並標榜所謂的「文化統治」時，韓國國內也展開各種不同形式的民主運動。

首先，萬歲示威自三一運動後，一直到一九二〇年代也持續進行著。一九二六年時，有六一〇萬歲示威運動。如果說三一運動是以高宗之死為契機，六一〇運動則是以純宗之死發起的。

雖說日本在三一運動後，對人民進行嚴格監視，因此在事件發生前便有所警覺，但學

18 編按：約十五公里。

生們還是順利擺脫監控，跟著葬禮的送行隊伍展開萬歲示威。

在一九二九年往來羅州與光州的列車上，發生韓國學生與日本學生的鬥毆事件，而警察一味偏袒日本學生，並毆打韓國學生。其他學生們得知這件事後怒不可抑，發動大規模的示威，這就是光州學生抗日運動。示威活動一下子擴散開來，且發展成繼三一運動之後，韓國國內規模最大的抗日運動。

民主主義陣營秉持著積蓄實力的精神，展開物產獎勵運動。隨著日本商品席捲而來，不只朝鮮的農產品，就連其他產業也遭受很大的衝擊。民主陣營為了扭轉現況主張愛用國貨運動，社會主義陣營則是主導農民的佃農糾紛與勞工的勞動爭議。

雖然兩個陣營對於獨立運動的看法不同，但都各自以自己的方式展開抗日運動。因此，國內也出現「內部不要分裂，應該團結一致抵抗日本」等聲浪。

另外，由這兩股勢力結合而成的是「新幹會」。新幹會統一韓國國內所有獨立運動勢力，並掀起民族單一政黨運動，獨立運動史上規模最大的組織就此誕生。

當然，也不能漏掉兒童運動與衡平運動。兒童節訂定就是出自於這時，制定韓國兒童節的方定煥既是獨立運動家，同時也是天主教徒。天主教的教理是人乃天思想，所以方定煥認為，兒童也是應該被尊重的存在，故而開始發起兒童運動。

而展開衡平運動的人，便是曾經宰殺豬牛的一般百姓（白丁）。他們在秤肉時，使用的工具稱為「衡」，衡平就是指讓秤的兩端持平。

甲午改革後，雖然廢除身分制度，但百姓們依然受到差別對待。就算廢止法律和制度，社會上的習慣也無法在一瞬間被改變。百姓們高喊：「為什麼我們還是被當作賤民？」、「為什麼我們的孩子要被世人嘲笑？」本來衡平運動只是解放身分運動，後來發展成民族解放運動。請大家記得，這些都是一九二〇年代所發生的重要事件。

05

強制說日語、改日名

一九二九年，世界陷入經濟大恐慌。所謂的恐慌，是指生產與消費無法維持均衡。一九二〇年代是景氣好的時期，雖然經濟漸漸變好，但勞工的薪資卻沒有因此提高。即使市面上的物品很多，然而勞動者卻沒有錢可買。資本家們為了避免商品無法售出，且造成赤字，紛紛解僱勞動者，如此一來，反而更無力購買物資。

美國為了擺脫惡性循環，開始大興土木，僱用很多人來工作，讓他們可以賺到錢。而歐洲國家有很多的殖民地，因此就把殖民地當作原料供給與輸出的市場。

但日本既沒有餘力建設，也沒有太多殖民地，所以選擇開戰，包含一九三一年九一八事變、一九三七年第二次中日戰爭、一九四一年太平洋戰爭……戰線逐漸擴展到美國。

如果與大國作戰的話，不論是軍人或物資都會不足。日本就利用殖民地朝鮮奪走人及物資，以此解決問題。

但想也知道韓國人怎麼可能乖乖為日本天皇賣命，因此日本人想要在韓國人腦中植入「我是日本新民」的意識，故而在一九三〇年代實行同化政治。

所有的韓國人都必須背誦皇國臣民誓詞，孩子們則要背誦「我們是大日本帝國的臣民」的文章，並對天皇效忠。日本先是洗腦群眾，接下來「宮城遙拜」，也就是說，在警笛響起時，要朝向日本天皇所在的東方行禮。

不僅如此，學校裡教的是日本歷史，強制使用日語，禁止說韓語和寫韓文，甚至要求「創氏改名」。而拒絕改名的人，不只子女無法順利入學，還會飽受欺壓，無法好好生活。皇民化政策的目標相當明確，就是把韓國人徹底變成日本人，並送到戰場上去。

一九三八年，日本制定《國家總動員法》，該法是賦予國家可以控制並動員人力資源與物資的法條。簡單來說，就是國家可以隨意管控及動員國民，且無視個人意志，這真的是可怕的事。因為這個律法，日本才能打造神風特攻隊。

日本強制將韓國國內的年輕人與學生送往戰場，男人們就送去日本或中國的礦山或工廠來詐取勞動力，至於少女們，日本假借要為其介紹工作，半哄半騙送到軍工廠工作，或是成為性奴隸。

日本雖然否認慰安婦的存在，但由於有很多的受害者與目擊者的證詞，所以無所遁形。在戰爭時期，《國家總動員法》作為上位法，使得韓國人滿是血淚。

韓半島不僅成為生產軍需物資的工廠，更將其當成兵站基地。到了戰爭最後關頭，日本為了鑄造武器，還發布金屬回收令，連一般家庭裡的鍮器[19]也全部收走。此時期的日本天皇可能想要放手一搏。

民族獨立運動，連蔣中正都支持

由於日本推行同化政治，所以朝鮮內部也展開民族文化守護運動。一九二〇年代創設的朝鮮語研究會，在一九三一年更名為朝鮮語學會，研究日本費盡心思想要消滅的韓文。他們制定標準語，也商議出統一韓文拼寫法。無論如何都要努力守護自己國家的語言，所以朝鮮語學會更打算編纂字典。

然而，在一九四二年爆發朝鮮語學會事件。日本抓到講韓文的女學生，並審問她說：「是誰教妳韓文的？」最後發現這件事與朝鮮語學會有關，因此拘捕學會成員。朝鮮語學會也因此變得四分五裂。

國外的抗日活動則在一九三一年的九一八事變後有所不同。中國人對日本的侵略感到憤怒，選擇與韓國聯手。日本在滿洲成立偽滿洲國，部分獨立軍也將活動範圍轉移到中國本土。

曾在一九二〇年代經歷危機的大韓民國臨時政府，透過金九[20]創立的「韓人愛國團」，來證明其存在。加入韓人愛國團的青年投身暗殺活動，其中最具代表性的人物是李奉昌與尹奉吉。

李奉昌本來致力於成為日本人。不僅認真學習日文，甚至早在創氏改名前就已經有了日本名字。他自認和日本人沒什麼兩樣，去到日本後才發現，不管自己外表再怎麼像日本人，骨子裡依然還是韓國人。

李奉昌來到位於上海的大韓民國臨時政府，並表達想殺死日本天皇的意志。他說：「如果人生的目的是快樂，我的前三十一年已經獲得肉體的快樂，現在我想讓靈魂快樂，所以來上海為獨立事業犧牲奉獻。」之後他去到日本東京，並在一九三二年一月八日朝日本天皇搭的船丟擲手榴彈。雖然最終炸彈沒有引爆，卻也帶給日本人相當大的衝擊。

19 編按：韓國傳統手工銅食器。
20 編按：韓國獨立運動家、大韓民國臨時政府的領導人，被現代韓國人尊稱為「韓國國父」。

同年四月二十九日，尹奉吉在上海虹口公園投擲炸彈。在舉事之前，他寫信給自己的孩子，開頭是「給還在襁褓中的兩位兒子」，由此可得知他的孩子年紀有多小。尹奉吉還在信中寫道，希望自己死後，孩子能來墳前敬他一杯酒。

最後，尹奉吉舉事成功，使日本七名將領死亡，此舉也震驚全世界。當時中國的蔣介石也因為這件事開始支持韓國，他覺得中國百萬大軍都做不到的事，韓國只派出一名勇士就能做到，也因此臨時政府再次活躍了起來。

不過，在上海的活動卻變得非常艱難。因為尹奉吉舉事的地方就在上海，所以日本也特別關注。上海是法國租借地，適用法國治外法權，所以如果太常發生事端，法國會很頭痛，稍有不慎可能也會導致法國和日本開戰。

最終，大韓民國臨時政府決定遷移地點。八年間，陸續搬遷到杭州、鎮海、長沙等都市，最後在一九四〇年九

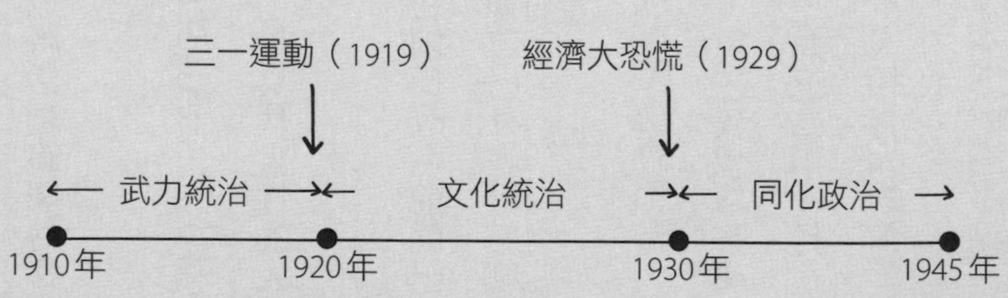

▲ 日本不同時期的對韓統治政策

月落腳在重慶。

在這裡，大韓民國臨時政府為了建立大韓民國做了非常多努力。以金九為首，籌備推翻日本、成立韓國獨立黨、創設韓國光復軍，並對日宣戰。同時，也與聯軍結盟，在英國的邀請下，前往印度、緬甸等前線，以及聯合美國戰略情報局（Office of Strategic Services，簡稱戰情局OSS）計畫反攻的作戰。

第 6 章

南北各有政府，國家一分為二

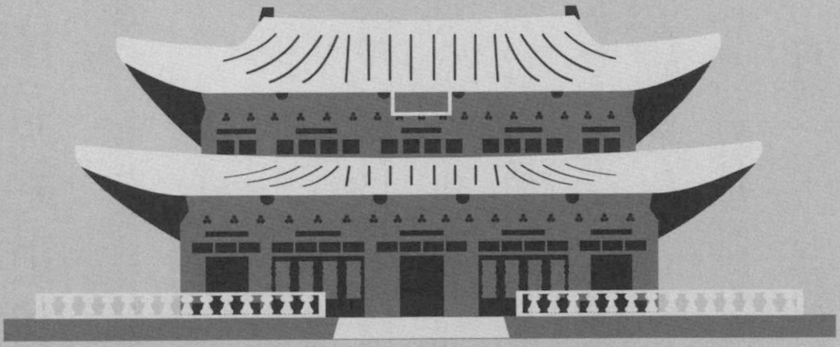

01 日軍撤退，美蘇兩強趁此插手

一九三九年爆發的第二次世界大戰，最終以日本投降畫下句點。韓民族終於迎來期盼已久的光復，只不過這份喜悅並不持久，因為與光復一起到來的是分裂。如果說一九四五年八月十五日的關鍵字是光復、分裂，以及占領軍，真的一點也不為過。

讓我們先稍微回到日本投降前的歷史。在雅爾達會議上決定一起發動對日戰爭的蘇聯，攻擊了滿洲地區，並越過鴨綠江直闖韓半島。

美國對此相當驚慌，因為本來認為蘇聯與在滿洲的關東軍或日本軍對戰很耗時，殊不知他們很快就打了下來，這樣一來，可能一不小心整個韓國都被蘇聯拿走。所以美國提議，以北緯三十八度線為基準，以北歸蘇聯管理，以南由美國託管。也就是說，韓半島在光復前就已經分裂了。

前面曾提到，大韓民國臨時政府旗下有韓國光復軍。當時韓國光復軍已經訂定反攻韓國本土的作戰計畫，本來應該要依照計畫執行，但由於日本突如其來的投降而被迫中斷。在還沒反應過來的時候，美軍與蘇聯來了。他們不是來解放的，而是來占據當時是日本領土的半島。因此，他們的本質不是解放軍，而是占領軍。

美國不承認美軍政之外的所有行政組織，也否認大韓民國臨時政府，甚至還阻止金九返國。臨時政府的主席金九與副主席金奎植，歷經好幾個月才得以個人身分回到韓國。

因為大韓民國臨時政府的外交作為，才得以在一九四三年舉辦的開羅會談中，使英國、美國與中國的代表能約定韓國獨立之事，而且白紙黑字聲明獨立的國家，唯有韓國。但由於突如其來的解放，使得在日帝強占期間一直以獨立運動為中心的大韓民國臨時政府，失去了相對應的位置。更悲慘的是，**韓半島的主權不在韓國人本身，而在美蘇等強國手中。**

美蘇冷戰，韓國成孤兒

一九四五年十二月舉辦的莫斯科外交部長會議，決定了韓半島的命運。

會議主要內容如下：第一，在韓半島再次成立臨時政府；第二，維持一段時間的盟軍託管；第三，由美國與蘇聯組成共同委員會討論此一問題。也就是說，在韓國人成立自己的臨時政府後，還是要由其他國家來統治。

盟軍託管的消息先是傳回韓國，所有人一致反對。畢竟早前已經被日本統治了，現在竟然還要接受別國的統治，人民自然不高興。

之後，等到可以自行成立臨時政府的消息傳來，社會主義陣營一改之前的態度轉為支持，甚至表明立場大讚莫斯科外交部長會議。這是因為他們認為，只要成立臨時政府並好好運作，就能縮短盟軍託管的時間。然而，民主陣營的立場完全卻相反。他們覺得，盟軍託管是另一種殖民統治，絕對不可行。

在左右派對立深化的同時，美國與蘇聯在德壽宮的石造殿舉辦共同委員會，但美蘇兩國各自對於能參與組成臨時政府的團體抱持不同意見。美國主張任何團體都能參加，而蘇聯認為必須是支持莫斯科外交部長會議的團體才能加入，這是由於彼此的利害關係不同所致。美國希望是右派[1]，但蘇聯則希望是左派[2]。美蘇雙方因為無法取得共識，所以約好之後開會再議。

雖說冷戰的開端是一九四七年發表的杜魯門主義（Truman Doctrine），但我覺得，在美蘇共同委員會時，就已經埋下了不和的種子。當美國與蘇聯為了爭奪利益而面合心不合時，其實冷戰時期已經到來。

而李承晚一直持續關注美蘇共同聯合委員會，他判斷美國與蘇聯是無法達成協議的。只要這兩個國家一直對立，韓半島就很難有一個政府。

所以，他在一九四六年六月前往井邑，發表《井邑宣言》，主要內容是，即使只有南韓，也應該儘快建立政府，並推翻蘇聯。這發言讓很多人受到衝擊，即使是左右派對立，韓國人也從來沒想過有一天國家會分裂，現在才突然有了危機意識。

1 編按：又稱右翼，其支持者一般會採取各種保守的政治立場，並且傾向於維護現有社會秩序及社會階層。

2 編按：又稱左翼，是指支持平等原則和平等主義的政治意識形態，支持者認為社會存在不公，且這類現象需要被減少或消除。

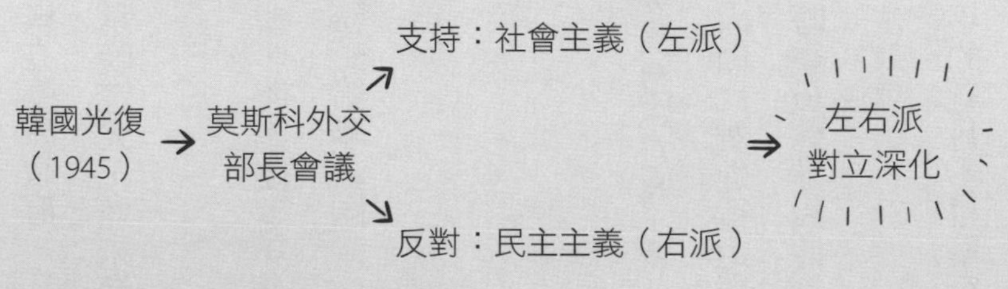

▲ 莫斯科外交部長會議決定韓半島命運

因此，中間偏左[3]的呂運亨與中間偏右[4]的金奎植，展開左右合作運動，無論如何都要阻止國家分裂，並主張重啟美蘇共同委員會、阻絕親日派，以及成立臨時政府。

不過，左派陣營的領導者朴憲永與引領右派的領導者金九、李承晚等人，並未參與運動。後來，呂運亨遭到暗殺，左右合作運動以失敗告終。

杜魯門主義發表後，冷戰激化。雖然召開第二次美蘇共同委員會，不過隨著美蘇對立加劇，這次不是休會，而是直接決裂。最終，美國就將韓半島問題轉交給聯合國。

南北各自成立政府，正式分裂

聯合國建議，根據人口比例選舉，並派遣聯合國韓國臨時問題委員會（UNTCOK）到韓國，但蘇聯不肯接受。蘇聯主張，因為北邊人口較少，如果以人口比例進行選舉，等於是讓南邊主導的勢力成立政府。因此，蘇聯拒絕讓聯合國韓國臨時委員會進入北邊，此問題只好又回到聯合國總會。

最終，聯合國提出，只在能選舉的地方施行，決定在一九四八年的五月十日舉行五一〇選舉[5]。

此次選舉具有一體兩面。因為這是韓半島第一次選舉，且是不記名投票，不論男女老少都能投下一票的平等選舉，就世界史的角度來看，相當具有其意義。

人類歷史上最早的選舉，只有少部分貴族、男性資本家與男性勞動者才有投票權。女性行使投票權的歷史相當短，即使是法國，女性也是到一九四四年才擁有投票權，這是經歷長久的鬥爭才爭取到的權利。而韓國並沒有經歷這樣的過程，從一開始的選舉就是全部的人都能參與。

另外，五一〇選舉只在南韓進行。這也表示，這次建立的政府只屬於南韓，北韓也可以站出來創建自己的政府。簡言之，這就是南北分裂的起始。

不過，也有很多人基於此一理由反對這次選舉。金九發布的《泣告三千萬同胞書》中寫道：「寧可穿越三十八度線而亡，也不願意建立單一政府。」之後，他還推動南北協

3 編按：又稱中左派，政黨或組織（如智庫）其觀點主張在政治光譜中，從中間延伸到左邊，但不包括極左派立場。中間偏左包含社會民主主義、進步主義、基督教左派和一部分綠色政治。

4 編按：又稱中右翼，用來描述政治觀點在政治光譜上橫跨中間派與右派，但不包含極右派立場的個人、政黨、組織及智庫。中間偏右政黨支持自由民主制、資本主義、市場經濟、私有財產權以及部分形式的福利國家，普遍反對社會主義和共產主義。

5 編按：由年滿二十一歲的選民投票選出國會議員。

商，與金奎植一起去見金日成。雖然金九一直試圖阻止南韓選舉，卻一無所獲。

另外，在濟州島，也發生濟州四三事件。左派勢力的南朝鮮勞動黨與部分居民，為了反對五一〇選舉與單獨成立政府，發起武裝暴動，卻被美軍無情鎮壓。

來到濟州島的軍人，在漢拏山的山脊畫了一個圓，只要不肯到山下去的人，便全部殺死。這對於務農的人而言，要他們突然離開故土，實在非常困難。

此事件造成約十萬名普通居民被殺害，那些根本沒有參加暴動的人，也被當作共產分子殺害，而活下來的人也不能離開限制地區，必須相互監視，簡直是歷史悲劇。

不論大家對單獨成立政府有多少反對聲

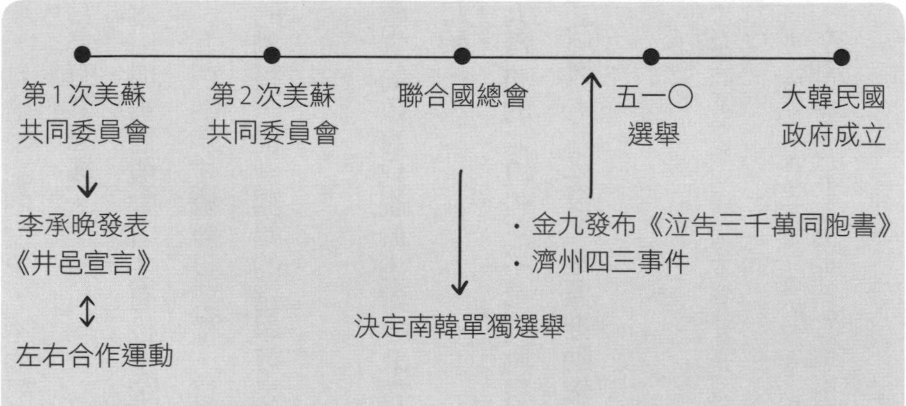

▲ 大韓民國政府成立過程

浪，五一〇選舉還是如期舉行，並組成制憲國會，制憲國會是指國會創制憲法，而訂出來的憲法稱為「制憲憲法」。國會所做的是立法，然後再根據制憲憲法，間接選出總統。**第一屆總統是李承晚**，他在一九四八年八月十五日宣布大韓民國政府成立。

大韓民國的國號在三一運動時就已出現過了，它同時也是大韓民國臨時政府成立的契機，故而以此為國號，有延續大韓民國臨時政府之意。因此，韓國憲法中，有專文明示大韓民國是繼承大韓民國臨時政府的法統。

北韓方面，金日成為首相，建立朝鮮民族主義人民共和國。最終，南北都在美國和蘇聯的支持下各自成立政府，而金九翹首以盼的統一政府夢想，終究化為泡沫。隨後，韓國正式進入內戰時代，最令人悲傷的是，內戰的第一個戰場就是韓半島。

北韓只用三天占領首爾

南北韓各自建立政府後不到兩年，一九五〇年六月二十五日，北韓突然發動南侵戰爭，開啟同胞相殘的悲劇。南韓因為完全沒做好開戰準備，只能節節敗退，而北韓以蘇聯製坦克打頭陣，幾乎是暢行無阻，只用三天就占領首爾，直至洛東江。慌張的大韓民國政府只好將釜山定為臨時首都，並向美國求援。

十六個國家參與的美國聯軍進入南韓，美國的麥克阿瑟將軍（Douglas MacArthur）登陸仁川後，扭轉戰局。北韓軍被孤立在南邊，而聯合國軍隊與南韓軍隊越過三十八度線來到鴨綠江。本來統一已經近在眼前，這時中國因北韓的求助而加入戰局。

此刻正是嚴冬時節，邊境地區相當寒冷。比起要跟中國打仗，更可怕的是要對抗冬天的嚴寒。中國利用人海戰術，很快越過鴨綠江。聯合國軍隊與南韓軍隊由於怕首爾會被搶走，所以選擇退守，這一天是一九五一年的一月四日，因此又稱為一四後退。

之後開始持久攻防戰，因為戰事遲遲無法結束，甚至討論到是否要使用原子彈。但擔心美國與蘇聯會就此對上，可能引發第三次世界大戰，最終進行休戰協商。

一九五三年七月二十七日雙方締結停戰協議，結束耗時三年的戰爭。但這不是結束，而只是停戰，並一直延續至今。

戰爭會留下殘忍的傷痕，且因為是同一民族的相殘，所以傷害更大。韓戰死傷的不只有軍人，還有無數的百姓，以及超過十萬名的孤兒與超過一千萬的離散家庭。

韓半島光復的同時迎來分裂，緊接著面臨戰爭悲劇，現代史的第一部就此落幕。從另一個角度來看，由於韓國分裂，或許根本沒能好好在現代史中寫下精彩的一筆。

02 五一六政變，軍人變總統

一九四八年成立的第一共和國李承晚政府，當務之急有二。第一，伸張正義，處罰以親日派為首的反叛分子，讓大家都知道歷史的審判有多可怕。人們需要知道，為了眼前的榮華富貴幫助侵略者是不行的，之後若再發生類似的事情時，才不會重蹈覆轍。

糾正歷史的錯誤，就跟人們具有正確的判斷力一樣。如果缺乏判斷能力，就會經常犯錯。我可以選擇這個嗎？這樣做是對的嗎？當我們面臨這樣的煩惱時，歷史能作為我們斟酌及判斷未來可能結果的依據。

阿諛奉承日本的人，下場應該要是家破人亡才對。不過，李承晚政府的成員，就是在日帝強占期間諂媚日本的人。他們在南北韓對峙的情況下，高舉「反共」旗幟，認為當務之急是先把大韓民國建立成民主國家，比起過去的錯誤，現在的問題更重要。

即使已經制定反民族行為處罰法，也成立反民族行為特別調查委員會，但政府不僅不嚴查，還出手干預，所以親日分子朴興植、皇國臣民李光洙等許多人，雖然被拘捕，但大部分人都被釋放。反民族行為特別調查委員會的努力受挫，最終連該處罰法也被廢止。最後，還是沒能懲罰這些親日分子，他們繼續享有特權，如此一來，人們又怎能有正確的判斷力？這些賣國之人都過得有滋有味，反倒是為國家奮鬥的人過得艱辛萬分。知道事實後，又有誰會努力做出正確選擇？對於這樣的前例，真的感到無比惋惜。

李承晚政府的第二個課題就是農地改革。

農民夢想擁有自己的土地，然而在日帝強占期無法做到。不過，現在既然已經光復，農民想要擁有土地的期盼自然也會變大。政府在此部分也是竭盡所能，因為是自由民主主義的國家，所以不能像北韓一樣無償徵收與分配。因此政府先出錢購入土地，再販售給農民，以這樣的方式進行農地改革，並取得某種程度的成果。

四捨五入修憲，連任總統大位

一九四八年制憲國會所制定的憲法中規定，總統由間接選舉選出，且任期為四年，得以連任一次。李承晚也是國會選出的總統。不過，第二國會議員選舉的結果，當選的大都是不支持李承晚的人。簡言之，李承晚陷入難以連任的處境。

一九五二年，李承晚強迫國會議員將間接選舉改成直接選舉，也就是說，讓人民可以直接投票選總統。李承晚認為，當時韓戰還在持續，直接選舉對自己更有利。最終一如李承晚的預期，他再次當選。

但後續李承晚政府為了維持政權，又想要再次修憲，取消總統只能連任一次的規定。一九五四年，憲法修正案進入表決。兩百零三名議員中，須有三分之二同意才算通過，所以是一三五．三三三……位。這次投票共有兩百零二位議員參與，而贊成的人有一百三十五人，所以是不通過。

當時身為執政黨的自由黨，卻不肯承認這個結果。因此拿出數學中的四捨五入說，一三五．三三三……就是一百三十五，以這樣的理論硬拗，並強行實施憲法改革。所以，此事件又被稱為「四捨五入修憲」，之後李承晚在一九五六年成功的三度連任。

憲法是一種約定，任何人都必須遵守，民主主義社會也遵循憲法而運作。但李承晚政府總是違憲，且扭曲民主主義。

雖然這是明擺的錯誤，不過也是因為韓國經驗不足所致。畢竟西方國家也歷經數百年的流血衝突，才有了民主主義，對韓國而言，民主主義來得突然，所以必然也會產生跌跌撞撞的過程，最終，韓國的民主主義也會跟著這塊土地上的人們持續發展。

百人投票卻開出超額選票

一九六〇年三十五日舉行第四任總統選舉，而李承晚政府在這次選舉中，犯下嚴重的舞弊賄選行為。當時，李承晚已經非常年邁，萬一日後有健康問題，副總統便會接任總統的職務。但當時執政黨的副總統候選人李基鳳，並不怎麼受歡迎，反倒是在野黨的張勉，當選機率較高。萬一張勉當選，政權就會旁落在野黨手中。自由黨為了預防這局面，選擇舞弊賄選。

李承晚政府動員許多方法，像是置換投票箱、買票賄選等。舉例來說，有個村子只有一百人有投票權，卻開出

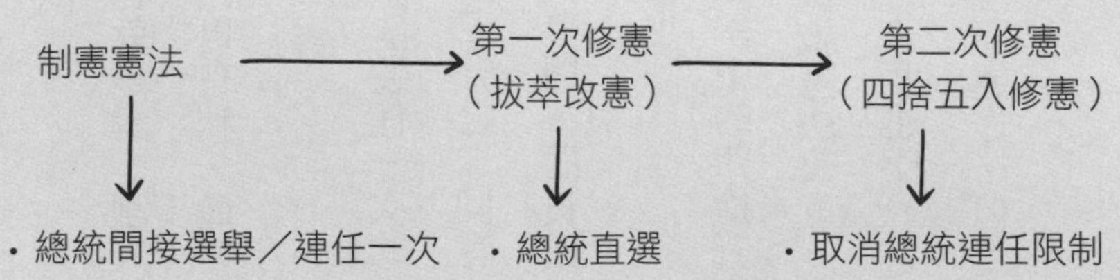

▲ 李承晚政府的修憲

一百五十張選票。

學生們知道事實後，聚集到廣場上高喊民主主義。當時的菁英們可以分成兩個團體，其一是在美軍底下受教育的軍人們，另一是接受近代教育的學生們。學生們抗議選舉舞弊與獨裁，並開始示威活動，警察則對示威群眾開槍。

這時，其中一位參與示威的學生金朱烈失蹤，他本來是為了要確認高考是否合格而到去到馬山[6]，沒想到幾天後卻在馬山前海被發現，當時金朱烈的眼睛留有被催淚彈擊中的痕跡。

報紙上刊登了金朱烈的照片，引發群眾憤怒。學生們大舉加入示威活動，市民們也一起參與，教授們更發表時局宣言[7]，這就是四一九革命，最終李承晚也因此下臺。

李承晚政府垮臺後，接著是第二共和國的張勉政府，是韓國史上最早也是最後一次實行議員內閣制的政府。李承晚下臺後，內閣站出來收拾殘局，進行第三次修憲，以總統制有獨裁之虞，並將其改成內閣責任制。

6 編按：曾是慶尚南道的馬山市，二〇一〇年七月一日合併到昌原市。
7 編按：韓國獨有詞彙，指學者專家針對時事所發表的言論。

內閣責任制是由國務總理來行使實際統治之責，像是英國或日本，負責所有行政的都是執政黨，而非總統。因此，雖然國會選出尹潽善為總統，但他並沒有實權。

民主黨成為執政黨，張勉成為總理，但之前被李承晚壓抑住的聲浪，突然一次性爆發出來。民眾們認為張勉政府既然想革命，便提出許多民主化要求，像是在反共體制中不可能進行的統一運動，還有對之前許多懸而未解的事件進行調查等。

然而張勉政府其實沒能好好應對這些事情，因為國內總是吵吵鬧鬧的。事實上，所謂的民主主義本來就是如此，一旦有問題發生，不能掩蓋住不談，而是得攤在陽光下討論，然後尋求解決之策。不過，卻有人覺得這是危機。這次發聲的人，不是之前引發革命的人，而是另一個菁英階層——軍人。

軍人們認為，在南北對峙的情況下，這樣的混亂無疑會危及國家安全。因此以朴正熙為首的軍人發動軍事政變，史稱「五一六軍事政變」。

第二共和國就此垮臺。發動軍事政變的軍人們，成立凌駕於法律之上的軍事革命委員會，並再次把內閣責任制改為總統制，於是第五次修憲便伴隨朴正熙政府成立而展開。

03 獨裁政權，創造漢江奇蹟

朴正熙卸下軍人身分參選，隨著他成為總統，第三共和國隨之開始。朴正熙政府應該分成一九六〇年代與一九七〇年代兩個時期，因其政權維持了十八年之久，而他的統治性格也隨著不同時期而有所差異。

朴正熙政府也有需要面臨的課題。第一就是經濟發展。因為當時韓國實在是太窮了，所以帶領韓國脫貧就是朴正熙最大且最優先的任務。想要發展經濟就需要錢，國內沒錢就要向國外借，不過當時根本沒有人願意出借。

朴正熙政府選擇的解套方法是與日本建交。如果兩國維持正常外交關係，就可以向日本要求殖民統治時的賠償金。但在日本完全沒道歉的情況下就與其建交，簡直不像話。

韓民族在日帝強占時期遭受莫大的傷痛，所以學生們在一九六四年展開六三示威，反對韓日會談。

然而朴正熙政府還是強行開啟會談，在一九六五年簽訂《日韓基本條約》，兩國正式建交。最後，日本以祝賀獨立基金而非殖民賠償金的名義給了錢，這更讓學生們憤怒。

為了經濟發展，還要更多的錢。當時美國處於越戰中，因此朴正熙政府便出兵越南，藉此換取美國的經濟援助。一九六〇年代的韓國，只能用這樣的方式來確保資金來源。

同時，朴正熙政府推行新鄉村運動，並實行五年經濟開發計畫。在一九六〇年開始打下基礎，到了一九七七年時，韓國輸出金額高達一百億美金，創造了「漢江奇蹟」。

一九六〇年代因為沒有錢，只能發展鞋子或成衣等的輕工業，存到錢後，一九七〇年代才開始跨足化學重工業，現在的浦項鋼鐵就是一例。一九七〇年代，連接首爾與釜山的京釜高速公路竣工，成為韓半島內物流業運輸的動脈。

華麗的經濟成長的背後，是無數低薪勞工們的犧牲。一九七〇年發生全泰壹自焚事件。全泰壹在自己身上點火，要求遵照勞動基準法，而他的要求不過是一天只工作十至十二小時，一週休息一天。這在現在看來是多麼微小的請求，但在當時卻無法被滿足。在光鮮亮麗的經濟成長背後，有著勞工們全年無休、整日工作的犧牲。

總統當多久，我說了算

在大韓民國經濟快速起飛的時期，朴正熙當選了兩次總統，如今也到了他該下臺的時候。不過朴正熙政府同樣不遵守憲法，想要透過修憲長期執政。他主張經濟發展不可中斷，應該由自己全力完成。

如果他想再連任一次的話，又要修改憲法。因此，朴正熙透過第六次修憲，將總統任期延長到三任，並再次擔任總統。而後，在第三次任期快結束時，乾脆不舉行總統選舉，也就是說，他想當到死為止。這時，被修改的憲法就稱為維新憲法。

當時，朴正熙維持政權最重要的手段就是「反共」，由於南北韓還處在停戰狀態下，因此兩國依舊互為對立。不過在尼克森主義（Nixon Doctrine）發表後，世界冷戰期慢慢退冰，而一直高喊反共的朴正熙，立場便顯得有些難堪。

所以，朴正熙政府先是發表示七四南北共同聲明，提出自主、和平、民族大團結等三大原則，試圖協商南北韓統一。

雖說世界上沒有永遠的敵人，但突如其來的改變還是讓人們無所適從，一不小心就容易被北韓吸收或是被共產黨統一，因此南韓需要更強而有力的總統讓大家團結在一起。

他在一九七二年宣布十月維新，藉由第七次修憲制定維新憲法。如此一來，總統的權力被無限擴大，不僅能解散國會，還能停止憲法的運作，等於失去三權分立的意義。

朴正熙政府以推動和平統一為名義，成立統一主體國民會議，總統就是透過此會議選出，而事實上，裡面的人都是總統的支持者。他們將這些人聚集在體育館中，然後投票選出總統，這樣一來，朴正熙便能到死都當總統了。

此外，維新憲法還賦予總統緊急處置權，換句話說，可以隨時隨地將反對者抓去關。如果說第一共和國的李承晚政府修憲，只是為了能參加總統選舉，那麼維新憲法就是連選舉都不用，而這個維新體制被稱作第四共和國。

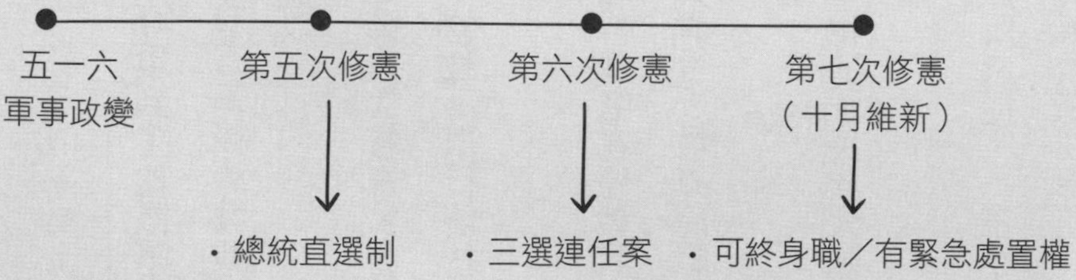

▲ 朴正熙政府的修憲

總統被槍殺，民主更黑暗

事態發展到此，國民當然會反抗。一九七九年在釜山與馬山發生釜馬民主抗爭。學生們要求放棄維新體制，實現民主主義。在抗爭過程中，有人主張要積極推進，有人則覺得要和平進行，因此對立情況越來越嚴重。最後，中央情報部部長金載奎開槍射殺朴正熙，稱為「一〇二六事件」[8]，朴正熙死亡，維新體制正式結束。

歷經黑暗獨裁的人們，開始期待民主主義的花朵。首爾的春天到來，朝向民主主義的希冀當然也跟著變大，但這個春天卻轉瞬即逝。

朴正熙在引發五一六軍事政變時，曾經一邊脫下軍服一邊說：「再也不要有像我這樣時運不濟的軍人了！」他指的是自己為了政治，離開軍隊。朴正熙所想，不過是他個人的希望罷了。

就像在茫茫大海中，只要有一艘船開過，就會有其他的船跟著他走，之後果然有人做了跟他一樣的事情。

8 編按：又稱朴正熙遇刺案。

04 五一八光州民主化運動

以全斗煥和盧泰愚為首的新軍部，藉口要收拾這混亂的局面，不料卻在一九七九年引發「一二一二事件」。當時朴正熙被暗殺，本來應該是國務總理的崔圭夏成為總統，但實權卻掌握在全斗煥手中。

學生們再次走上街頭，高喊新軍部下臺。不過新軍部在一九八〇年五月十七日下達全國戒嚴令，也就是說，行政權和司法權都歸軍中所管。因為武裝軍人橫阻在前，示威活動也跟著受到影響。

五一八民主化運動源自於光州，所以很多人認為，示威活動只發生在光州，但其實全國都有，只不過不同的是，光州的示威從未停止。結果，便成為新軍部的目標。

五月十八日，學生們與市民們舉行示威活動，要求解除戒嚴令與廢除維新憲法。戒嚴軍們不管對方是學生還是路人，一律攻擊、毒打，甚至還開槍。因為戒嚴軍們的殘暴，導致很多人受傷或失去性命。於是憤怒的光州市民組成市民軍，並占領全羅道廳。但在五月二十七日，戒嚴軍出動坦克，最後鎮壓全羅道廳。

在這之中，有一名叫尹祥源的人，一直引領市民軍戰鬥。他在聽到戒嚴軍即將要闖進來時，對其他人說：「今天我們雖然失敗了，但明天的歷史會記錄我們的成功。」

一如他所說，五一八民主化運動絕對不是失敗。後來，這件事被大眾所周知，點燃無數人的怒火，韓國國民們向著民主化的決心更加堅定。

新軍部在摧殘過光州後，成立國家保衛非常對策委員會，簡稱國保會。就跟早前朴正熙引發五一六軍變時，創建軍事革命委員會一樣，全斗煥也創立擁有滔天權力的組織。

當時，國保會委員長全斗煥為了匡正社會氣象，實行「三清教育」[9]。很多人因為無法回答三清教育隊的問題，或是隨口批評政府一句，就被抓去嚴刑拷打，這非常侵害人權。

全斗煥又再次修憲，實行總統間接選舉。與朴正熙政府後期一樣，將投票者聚集在體

9 編按：一九八〇年八月至一九八一年一月間，有六萬七千五百五十五人被檢舉，由審查委員會分為A、B、C、D四類：A類由軍事法庭處理，D類由警察警戒處分，B、C類則加入三清教育隊。入隊者多為黑道成員，還有一萬五千名未成年人士和三百一十九名女性，以及民主化運動活動家，打壓民主化運動意圖明顯。

育館，並選出總統，與維新憲法沒什麼太大的不同。不過，他把總統任期改成單任七年。於是，第五共和國便正式開始。

只是拍了一下桌子，那孩子就死了

由於全斗煥政府發動政變，鎮壓五一八民主運動，因此正統性顯得薄弱。雖然與維新體制不同的是，他實施很多歐化政策，像是廢除宵禁與推動海外旅行自由化等。

然而，只要到每年春天，他的正統性就會受到質疑。因為每年五月，市民們為了要延續五一八民主化運動的精神，就會開始集會遊行。

一九八七年一月發生朴鍾哲拷問致死事件。有一名參與示威的學生朴鍾哲，在被警察拷問的過程中死亡。不過，警察們卻謊稱：「只是拍了桌子一下，那孩子就死了。」這句在韓國很有名的梗，就是從這裡出來的。

警察的荒唐言論讓學生與市民們再次憤然挺身而出，他們站出來要求總統直選制。但是全斗煥在一九八七年四月十三日發表四一三護憲措施，表面上是要守護憲法，實際上就是要修改七年單任總統間接選舉制，這無疑是火上加油。

四月發表的護憲措施，成為六月民主化運動的導火線，更多學生與市民們走上街頭，高喊廢除護憲與打倒獨裁。

而在這個過程中，延世大學學生李韓烈被催淚彈擲中死亡，國民的憤怒達到高點，甚至連三十多歲的上班族也參與示威。每到晚上六點降半旗時，街上的公車與計程車都會按喇叭以表支持示威活動。

當時示威據點是明洞教堂。警察一靠過來，市民們就會蜂擁而至保護主事者。若警察丟催淚彈的話，市民也會提供捲筒衛生紙給大家擦眼淚，或是剪開保鮮膜、塑膠袋，幫忙貼在彼此的眼周，也有人會幫忙在眼下抹牙膏，避免催淚彈噴濺到眼睛裡。

全斗煥政府出動公權力，命令在明洞教堂示威的人解散。已逝的金壽煥樞機主教這麼說：「如果警察進來教堂，就會先見到我，接下來是靜坐的神父們。神父們的後面有修女，而你們想要帶走的學生在修女的後面。想要逮捕學生的話，先要踩過我的身體，而後是神父與修女們。」

以學生、白領上班族為首，再加上市民們，甚至是宗教指導者等，一起同心協力捍衛民主的模樣，這就是象徵六月民主抗爭的精神。最後，在六月二十九日時，執政黨決策者盧泰愚發表宣言，並表示接受總統直選制。六二九民主化宣言就是投降宣言，也就是說，六月民主化抗爭是勝利的結果。五一八民主化運動一直到六月的民主抗爭，才能算是圓滿落幕。

南北會談，統一有望？

在朝野協議下，進行第九次的修憲。和平決定總統直選制、任期五年，此制度一直延續至今。

第九次修憲後，進行第十三屆的總統選舉。在期待民主主義的熱切氛圍中，無疑是對在野黨有利的選舉。然而，在野黨卻因為無法統合所謂的「三金」，也就是金泳三、金大中與金鍾泌，所以到最後由執政黨候選人盧泰愚與在野黨候選人金泳三與金大中，展開三人對決。最終，開票結果由盧泰愚當選總統。

隔年一九八八年，首爾（漢城）舉辦奧林匹克

朴鍾哲拷問致死事件 → 四一三護憲措施 → 要求廢除護憲、打倒獨裁 → 六月民主抗爭 ⇒ 六二九民主化宣言

↓

第九次修憲
總統直選制、單任五年

▲ 第九次修憲過程及結果

運動會（Olympic Games）。雖說奧運是向全世界展現韓國發展樣貌的機會，但也可以說是東西方和解的番外篇，就這個角度來看，相當極具意義。

當時全世界處於冷戰尾聲，盧泰愚政府也因應這股潮流，標榜北方外交。盧泰愚政府與中國、蘇聯等社會主義國家建交，也試圖恢復與北韓的關係，甚至同時加入聯合國。

一九九〇年代舉行南北韓高階官員的會談。朴正熙政府時的七四南北共同聲明是非官方的見面，是由國家安全企劃部（ANSP）[10]部長抵達北韓去見金日成，合議統一三大原則。反之，盧泰愚政府進行的是官方會談，最終兩國在一九九一年締結基本合意書。

南北基本合意書的主要內容是規定南北韓關係，將之間的物資交流視作民族內部的交流，互相承認彼此的體制，並約定互不侵犯等，畢竟兩國關係很難以一般國家界定。

也就是說，南北韓是基於日後可能會成為一體的理念下，所形成的潛在特殊關係，而合意書便是將這一點更加具體化呈現。

10 編按：一九九九年一月，金大中政府廢止國家安全企劃部，進行組織改造，將其改為總統直屬機關，名為國家情報院。

05 走出金融風暴，和平轉移政權

繼盧泰愚政府之後，一九九三年金泳三政府登場。這時大韓民國已經躋身先進國家的行列。以朴正熙政府打造的漢江奇蹟為基礎，達成經濟發展，並加入經濟合作暨發展組織（OECD）。金泳三政府同時也將盧泰愚政府曾經施行的地方自治體全面擴大到全國，也引進金融實名制，並杜絕非法資金腐敗貪污問題。

金泳三政府更致力於對歷史的撥亂反正，針對一二一二事件與鎮壓五一八民主運動，審判全斗煥與盧泰愚所犯的罪行，且要求將全斗煥處以死刑。一九九五年八月為了迎接光復五十年，甚至撤除朝鮮總督府建築。

然而進入一九九〇年代後半時，韓國景氣亮紅燈。匯率浮動導致企業不安，外資紛紛撤出，面臨外匯危機。公司一家家倒閉，本來正待發展的經濟瞬間化為泡沫。

一九九七年十一月二十一日，韓國政府向國際貨幣基金組織（International Monetary Fund，簡稱ＩＭＦ）申請緊急救助貸款，但必須配合ＩＭＦ的要求來維持經濟體系，開始對企業進行高強度的結構調整，非常多人因此失去工作。這是非常艱辛的時期，同時也反映出韓國的經濟基礎尚不穩固。

《南北共同宣言》終結「分裂」

一九九八年第十五屆總統選舉由在野黨的金大中當選。金大中政府是第一個真正透過選舉來達到政黨交替的，或許也是因為一九九七年的金融風暴，才能這麼和平轉移政權。上任後的金大中政府，最大課題就是克服金融風暴。為了勞工、企業與國家間的合作，成立經濟社會發展勞使政委員會，國民們再次團結在一起，展開第二次國債報償運動的募金活動，也是靠著全國人民的齊心努力，韓國才能快速脫離ＩＭＦ的管制。

金大中政府致力推動南北韓關係，兩國元首也第一次進行《南北共同宣言》[11]。也可

11 編按：又稱《北南共同宣言》、《六一五共同宣言》。

以說，朴正熙政府的七四南北共同聲明為南北會談打下基礎，盧泰愚政府以南北基本合意書將其具體化，金大中政府延續之前的政績開啟南北韓的交流。《南北共同宣言》的意義在於，推動離散家族重逢、設立開城工業區。以及恢復京義線等實質性建設。

統一與否一直是韓民族的課題，不是左派與右派的問題。不論是保守或激進改革的政府，都在為統一而努力，也因此韓國才能有所發展。若是提到這個時代的課題，或許是結束這段「起於分裂」的韓半島分裂近代史，才能開啟現代史真正的第一章。

以上就是從西元前二三三三年的古朝鮮建國，一直到二〇〇〇年《南北共同宣言》為止，韓半島將近五千年的歷史。透過對主要人物和重大事件進行說明，相信大家都能很清楚看到，一個人的選擇會如何改變歷史脈絡。這也就是為何我總是說：「歷史是認識人的人文學。」每當我看到歷史中的人物，我都會再次思索要如何過這僅有一次的人生。

生活在現今的我們，總有一天也會被記錄在歷史中。只要想著「我們的選擇會成為二十一世紀的大韓民國的歷史」，大家的心態是否就會有所不同？

為了不讓後代人們給予我們羞愧的評價，就像是頂著嚴寒在哈爾濱車站等著伊藤博文的安重根一樣，當我們站在選擇的十字路口時，希望大家至少能回想一下到目前為止習得的歷史教訓。

圖片出處

依照圖片在本書中出現的順序排序。文中的名稱與收藏處登載的名稱可能會有些許差異。本書中使用的圖片大都取得著作權者的使用許可，然而若有部分出處不明或是出處有誤的情形，確認過後也會隨之更正。

將軍塚©Wikimedia Commons

江西三墓四神圖中的玄武（模擬圖）©國立中央博物館

金銅延嘉七年銘如來立像©國立中央博物館

百濟七支刀©聯合新聞

武寧王陵入口內部©文化財廳

武寧王陵石獸、武寧王妃金製棺飾©國立公州博物館

百濟金銅大香爐©國立扶餘博物館

天馬塚金冠©國立慶州博物館

皇龍寺的九層木塔址、九層木塔還原模擬圖©文化財廳
慶州瞻星臺©文化財廳
高靈池山洞古墳群出土的甲衣與頭具、唐草紋文環頭大刀©文化財廳
金銅冠©國立中央博物館
水車造型土器©國立中央博物館
佛國寺、多寶塔、釋迦塔©文化財廳
石窟庵©文化財廳
聖德大王神鐘©國立中央博物館
高麗青瓷蜜罐©國立中央博物館
陝州八萬大藏經©文化財廳
混一疆理歷代國都之圖©奎章閣韓國學研究院
圓覺寺十層石塔©文化財廳
仁王霽色圖©國立中央博物館
《檀園風俗圖冊》中的〈書院〉、〈摔角〉©國立中央博物館
大東輿地圖©國立中央博物館、奎章閣韓國學研究院

國家圖書館出版品預行編目（CIP）資料

700 萬人愛看的韓國史：從古朝鮮三國鼎立到南北韓一分爲二，翻開第一頁，就像看韓劇一樣，劇情緊湊到你停不下來！／崔兌誠著；張鈺琦譯. -- 初版. -- 臺北市；大是文化有限公司, 2024.03
304 面；17×23 公分. -- （TELL：062）
譯自：최소한의 한국사
ISBN 978-626-7377-73-4（平裝）

1. CST：韓國史

732.1 112021088

TELL 062

700萬人愛看的韓國史

從古朝鮮三國鼎立到南北韓一分為二，
翻開第一頁，就像看韓劇一樣，劇情緊湊到你停不下來！

作　　者／崔兌誠
譯　　者／張鈺琦
責任編輯／許珮怡
副 主 編／蕭麗娟
美術編輯／林彥君
副總編輯／顏惠君
總 編 輯／吳依瑋
發 行 人／徐仲秋
會計助理／李秀娟
會　　計／許鳳雪
版權主任／劉宗德
版權經理／郝麗珍
行銷企劃／徐千晴
業務專員／馬絮盈、留婉茹、邱宜婷
行銷、業務與網路書店總監／林裕安
總 經 理／陳絜吾

出 版 者／大是文化有限公司
臺北市 100 衡陽路 7 號 8 樓
編輯部電話：（02）23757911
購書相關資訊請洽：（02）23757911 分機122
24小時讀者服務傳真：（02）23756999
讀者服務E-mail：dscsms28@gmail.com
郵政劃撥帳號：19983366　戶名：大是文化有限公司
法律顧問／永然聯合法律事務所
香港發行／豐達出版發行有限公司 Rich Publishing & Distribut Ltd
地址：香港柴灣永泰道 70 號柴灣工業城第 2 期 1805 室
Unit 1805, Ph. 2, Chai Wan Ind City, 70 Wing Tai Rd, Chai Wan, Hong Kong
電話：21726513 傳真：21724355
E-mail：cary@subseasy.com.hk

封面設計／林雯瑛
內頁排版／楊思思
印　　刷／韋懋實業有限公司

出版日期／2024 年 3 月 初版
定　　價／460 元
I S B N／978-626-7377-73-4
電子書ISBN／9786267377710（PDF）
9786267377727（EPUB）
Printed in Taiwan